방생살생 현보록

放生殺生　現報錄

무량수여래회 엮음

放生時 念阿彌陀佛
或念觀世音菩薩聖號
或持呪 竝代衆生發願
則能消滅過去現在未來
一切業障

방생할 때, 아미타불을 부르던
혹은 관세음보살의 성호를 불러라.
혹은 진언을 외워라.
아울러 중생을 대신해서 발원하라.
그리하면 과거와 현재와 미래의
모든 업장을 소멸시킬 수 있다.
ㅡ고덕古德, 〈염불수행대전〉

살생은 곧 미래의 부처가 될 자신을 죽이는 것이고,
방생은 미래의 부처가 될 자신을 살리는 것이다.
만약 자신의 미래의 부처를 살려주면
이것이 바로 진짜 염불삼매이니,
이 염불삼매를 닦으면 이것이
법화경 백 천 만억 부를 영원토록 굴리는 것이다.
-우익대사

새들도 우리 팔에 내려와 마음 놓고 쉬어가도록…

우리들에게서 가장 소중한 것이 무엇이냐고 할 때 그것은 곧 목숨이라고들 합니다. 목숨 그것은 모든 생명이 살아가는 원동력임을 우리는 너무나 잘 알고 있습니다. 그런데 흔히 세상에서는 자기 목숨은 소중히 여기면서도 남의 목숨은 무시해버리거나 혹은 무자비하게 죽이는 경우가 일쑤입니다. 그러면서도 그것을 당연한 일처럼 여기고 있는 슬픈 현실입니다. 나를 살찌게 하기 위해서 남의 소중한 목숨을 앗아야하다니 힘센 놈이 약한 것을 짓밟고도 버젓할 수 있는 잘못된, 너무나 잘못된, 너무나 잘못된 이 풍습!

우리들이 갇혀 있다가 혹은 죽음의 절망에서 풀려났을 때의 그 홀가분한 자유로움, 그것은 환희입니다. 그것은 푸른 하늘입니다. 이 환희와 푸른 하늘을 우리와 모양을 달리한 생물에게 베푸는 일을 불교에서는 방생放生이라고 합니다. 산목숨을 죽이지 않을 뿐더러 오히려 한 걸음 더 나아가 그것을 살리는 자비, 짐승이나 물고기들이 비록 겉모양은 우리와 다르더라도 그 목숨에 있어서는 조금도 다를 수가 없습니다.

모성애의 숭고함이 우리 인간사회의 전유물만은 아닙니다. 동물들의 모성애를 받고 눈시울을 뜨겁게 한 일을 우리는 가끔 경험하고 있으므로 자비가 메말라가는 이 살벌한 오늘의 현실에 겨자씨만 한 도움이라도 되고 싶은 가늘은 소망에서 삼년 전부터 선학원에서는 방생회라는 모임을 두고 봄 가을 한 해에 두 차례씩 팔려가는 물고기를 사서 강물에 놓아주는 일을 하고 있습니다. 이러한 취지를 보다 널리 전하려는 뜻에서 이번에 방생에 대한 글을 몇 편 옮겨 펼치기로 했습니다.

여기 실린 방생하는 의식과 〈계살 방생문〉은 중국 명나라 때의 운서주굉 스님(1536-1615)이 지은 것이며 〈문단속할 이야기〉는 방생하는 근본 경전이라고도 할 수 있는 〈금광명경〉의 유수장자품을 옮긴 것입니다.

이 책에 스민 목소리들이, 지극히 식물성스런 이 나직한 목소리들이 우리들 이웃에 두루 번지어 메마른 가슴들을 울려줄 때, 우리들의 눈매는 살기 대신 따뜻한 사랑으로 빛날 것이며 가슴마다 이웃에 대한 포근한 자비로 철철 넘칠 것입니다.

해가 기울어도 문단속할 수고조차 없어질 것이며 담장 위에는 철조망이나 유리병의 시퍼런 서슬 대신에 부드럽고 환한 꽃을 올려놓게 될 것입니다. 날으던 새들도 우리 팔에 내려와 마음 놓고 쉬어갈 것이고 물론 살아있는 생명의 푸른 나무가지에서처럼 그날 우리는 슬기로운 식물성 왕국의 푸른 깃발을 하늘 높이 올리면서 환희를 합창해도 좋을 것입니다. 그때 비로소 우리는 인간일 수 있습니다. 의젓한 인간일 수 있습니다.

나무아미타불관세음보살

꿈틀거리는 모든 생명은
영혼(업식業識)을 가지고 있어서 모두 불성(佛性)이 있느니라.
다만 미망 때문에 마침내 윤회의 바퀴를 오르내리면서
각각 다른 모습을 하고 있는 것이다.
그들은 생사윤회를 거듭하면서 서로 육친권속이 되기도 하였는데,
겉모습이 바뀌면 다시는 서로 알아보지 못하느니라.
만약 희사심을 내고 자비로운 생각을 일으켜 재물을 써서
방생을 하는 자는 현세에는 병이 낫고 수명이 길어지며
미래에 반드시 깨달음을 증득한다.
-석가 세존

목 차

제1부. 방생 영험담

1. 방생의 공덕

듣건데 세상에서 제일 소중한 것은 생명이요, 천하에 가장 참혹한 것은 살생이라 하였다.

제일 소중한 것에 둘이 있는데, 하나는 사람들이 재물과 벼슬과 처자와 자기의 몸을 가장 소중하게 여기지만 여럿을 모두 함께 보전할 수 없을 때는 소중한 것 가운데도 가장 소중한 것을 취하게 된다. 그러므로 몸을 보전하기 위해서는 재물도 아끼지 않고 벼슬도 아끼지 않으며 처자도 돌아볼 겨를이 없어 단지 자기 몸만을 소중히 여기는 것이다. 둘째는 생명을 가진 이는 누구나 깨달을 수 있기 때문에 중생은 부처의 종자가 되므로 제일 소중하다는 것이다.

가장 참혹하다는 것은 발로 차고 몽둥이로 때리는 것 따위가 모두 고통이지마는 목숨을 끊는 것은 아니기 때문에 죽이는 것이 보다 참혹한 것이다. 그러므로 잡히게 되면 도망하나니, 이와 벼룩도 죽기를 피하는 것이다. 장마가 지려 할 때 이사하는 개미들을 보라. 그들도 또한 살기를 원하는 것이다. **목숨이 지중하므로 생명을 보전하기 위하여 죽음이 참혹하므로 죽음을 피하기 위하여 벼룩과 개미들이 도망하고 이사하는 것이니, 보잘 것 없는 것들도 그러거든 하물며 큰 것이야 더 말해야 무엇하랴.**

어찌하여 산에는 덫을 놓고 물에는 그물을 쳐서 갖은 수단으로 붙들며 굽은 낚시와 곧은 화살을 써서 온갖 계책으로 잡는단 말인가. 모든 중생들이 모두 살기를 탐하고 죽기를 피하거늘 어찌하여 항심恒心을 잊어버리고 여러 가지 나쁜 짓을 행하는가? 산에 있는 짐승은 덫으로 잡고 물에 사는 고기는 그물로 건지며 못에는 낚시를 드리우고 공중으로 활을 쏘며 심지어 모르게 함정을 만들고 비밀히 통방이를 놓으니 그 여러 가지 기구를 보기만 하여도 놀라서 혼이 흩어지고 맞으면 죽어서, 어미와 새끼가 헤어지는 것이 마치 우리들이 난리를 만나 총과 칼이 우리 몸을 해치는 것과 무엇이 다르랴.

혹 새장이나 우리에 들어가면 감옥에 갇힌 듯 도마나 안반에 오르면 사형을 당하는 듯, 가두고 얽매이면 옥에 갇히는 것과 다르지 않고, 목을 찌르고 가죽을 벗기면 사형을 만나는 듯 하리니 내 이 몸이 그런 처지를 당한다면 정경이 어떻겠는가.

새끼를 사랑하는 어미 사슴은 화살 맞은 자리를 핥느라고 창자가 마디마디 끊어졌고, 죽음을 두려워하는 원숭이는 활만 보고도 눈물을 흘렸느니라.

새끼를 사랑하는 사슴이란 말은 중국의 허진군이 젊었을 적에 사냥을 하다가 한번은 사슴 한 마리를 쏘았더니 어미 사슴이 달려와서 화살자리를 핥았으나, 오래지 않아 사슴은 죽었고 어미도 곁에서 죽고 말았다. 진군이 어미 사슴의 배를 가르자 창자가 마디마디 끊어져 있었으니 그것은 새끼의 죽음을 슬퍼하여 창자가 끊긴 것이다. 진군이 그것을 보고 크게 허물을 뉘우쳐 활을 꺾어버리고 산에 들어가 도를 닦아서 신선이 되었다가 지붕을 뚫고 하늘을 올라갔다고 하니, 이것이 어미와 새끼와 헤어지는 것이다.

죽음을 두려워하는 원숭이는 초나라 임금이 양유기(養有基)를 데리고 사냥 갔다가 원숭이를 만나서 쏘라고 하였더니 원숭이는 양유기를 보고 눈물을 흘렸다고 한다. 원숭이의 동작이 빨라서 오는 화실을 능히 붙잡을 수 있었지마는 양유기의 활솜

씨가 하도 신통해서 살을 붙잡을 수 없음을 알고 슬퍼한 것이니, 이것은 쓸개가 떨어지고 혼이 흩어질 일이다.

내가 억세다고 남의 약한 것을 업신여김도 이치에 마땅치 않을 텐데 하물며 남의 살을 먹고 내 몸을 살찌게 하다니, 어찌 마음이 편안하랴.

위에 말한 사슴과 원숭이의 일로 보아도 살생함이 옳지 못함을 알 것인데 세상 사람들은 짐승의 고기는 당연히 먹을 것인 줄로만 알고 있으니, 이것이 곧 나의 억셈을 가지고 남의 약함을 업신여김인 줄을 알지 못함이다. 만일 그렇지 않다면 **호랑이가 사람을 잡아먹는 것을 보고도 사람의 고기는 호랑이가 당연히 먹을 것이라고 하겠는가?** 버마재비가 매미를 잡아먹고 참새가 버마재비를 잡아먹고 새매가 참새를 잡아먹는 이것이 모두 약한 놈의 고기를 강한 놈이 먹는 것이다. 또 사람들이 말하기를 채식만 하면 여위고 육식을 하여야 살찐다 하니, 그래 자기가 살찌기 위해서 남의 고통을 생각지 않는다면 사람의 마음이라 할 수 있겠는가.

그러므로 하늘이 불쌍히 여기고 성인들이 착한 일을 하시었다.

세상이 아득하여 이치를 알지 못하므로 살기가 하늘에 미치지만 하늘은 본래 살리기를 좋아하여 백성에게 보여도 백성 등은 그것을 알지 못하는 것이다. 그러기에 살생을 너무 많이 하면 날씨가 고르지 못하고 재난이 잦으며, 선한 일을 하면 시절이 풍년 들고 천하가 태평하게 되니, 사람들이 살생하면 천리를 어기는 것이다. 하여 옛날 성인들은 위로는 천리를 순종하고 아래로는 생명을 불쌍히 여기어 착한 마음으로 온 세상을 구제하였다.

그물을 걷어치운 것은 은殷나라 탕湯 임금의 잘한 일이요. 물고기를 기르게 된 일은 정鄭나라 자산子産이 비롯하였다.

그물을 걷었다는 말은 탕 임금이 나다니다가 보니

어떤 사냥꾼이 사방에 그물을 치고 이렇게 축원을 하고 있었다. “하늘에서 내려오는 놈, 땅에서 솟아나는 놈, 사방에서 오는 놈들이 죄다 내 그물에 걸려라”고 탕 임금이 세 곳의 그물을 걷어치우고 한 곳만 두고 담음과 같이 빌었다. “왼쪽으로 갈 놈은 왼쪽으로 가고, 오른 쪽으로 갈 놈은 오른 쪽으로 가고, 위로 갈 놈은 위로 가고, 아래로 갈 놈은 아래로 가고, 목숨이 필요하지 않은 놈만 내 그물에 들라”

물고기를 길렀다는 말은 정나라 자산이란 벼슬아치가 산고기를 가져다 주는 이가 있으면 먹지 않고 하인을 시켜서 못에 기르게 하였다. 이 두 가지 일로 보더라도 방생放生하는 것은 불교에서만 하는 일이 아니고 세상 선비들도 모두 행한 것이다.

거룩한 유수장자流水長者는 물 마른 못 속의 고기를 살리기 위하여 물을 길어다 부었고, 자비하신 부처님께서는 죽게 된 비둘기를 대신하여 살을 베었다.

〈금광명경金光明經〉에는 유수장자의 아들이 수많은 물고기가 못에 물이 말라서 죽게 된 것을 보고 코끼리로 물을 실어다가 부어주어 살리고 또 법문을 하여 주었더니, 그 고기들은 목숨을 마친 뒤에 천상에 태어났다고 하였다.

석가모니부처님은 전생에 보살행을 닦을 적에 매에게 쫓긴 비둘기가 부처님 품에 날아들어 피하고 있었는데, 그때 마침 매가 보살(석가세존의 전생)에게 말하기를 "당신이 비둘기만 구하여 주고 나는 굶어서 죽게 하느냐?"고 하는 말을 듣고, 보살이 "무엇을 먹겠느냐?"고 물으니, 매는 "고기를 먹어야 한다"고 하였다. 보살이 자기 팔의 살을 손수 베어서 매에게 주었더니, 매는 또 "고기의 무게가 비둘기와 같아야 한다"고 했다. 보살은 아무리 살을 베어 내어도 내어도 비둘기 무게 보다

가볍기만 하였다. 마침내 팔에 있는 살을 죄다 깍게 되었다. 그때에 매가 물었다. “당신이 후회하는 마음이 없느냐?”고. “나는 조금도 후회하지 않노니, 만일 내 말이 거짓이 아니라면 나의 살이 전과 같이 자라리라”고 하였다. 그 말 끝을 맺기도 전에 팔은 전과 같이 되었다고 한다. 그때에 매는 제석천왕으로 변신하여 예배하고 찬탄하였다고 한다.

천태天台의 지자대사智者大師의 이름은 본래 지의智顗인데 수隋나라의 양제煬帝가 지자라는 호를 주었다. 못을 파놓고 사람들에게 방생하기를 권하였는데, 방생을 권한 것은 지자대사 뿐 아니라 예전부터 그런 일이 많이 있었다. 오늘의 서호西湖도 예전에 방생하던 못이언마는 세월은 멀어지고 그때 사람은 가고 없다. 불법 또한 쇠퇴하여져서 지금은 고기 잡는 횃불만이 물 위에 은하를 이루니 슬픈 일이다.

대수선인大樹仙人은 항시 큰 나무 밑에 앉아 선정에 들고 하였는데 새가 품 안으로 들어오는 것을 놀라게 하지 않으려고 얼마든지 그대로 앉았다가 새가 다른 데로 날아간 뒤에야 선정에서 나왔다고 한다. 중생을 사랑하는 마음이 이처럼 되어야 하리라.

아직 천안통을 얻지 못한 사람은 그 인연을 관찰할 수 없어
돼지는 죽어 돼지가 되며 양은 죽어 양이 된다고 생각할 수 있다.
사람이 중생의 고기를 많이 먹으면 본래 있는 자성을 매몰시켜
신령스런 성품을 잃고 어리석게 변하게 된다. 그러므로
중생을 제도하려거든 먼저 중생의 고기를 먹는 것을 금해야 한다.
사람이 중생을 제도하려면 먼저 자성의 중생을 제도해야 할 것이다.
중생을 제도濟度하는 데는 또한 상相을 떠나야 하며,
집착하는 바가 없어야 비로소 참된 제도라고 할 수 있다.
-선화상인 능엄신주법문

물고기를 사서 놓아주고 극락세계에 왕생하였으니 연수선사延壽禪師의 자비가 남아 있고, 용의 아들을 구하여 주고 비밀한 약방문藥方文을 전해 받은 일은 손진인孫眞人의 남긴 풍습이 없어지지 않고 있다.

영명사永明寺 지각선사知覺禪師의 이름은 연수延壽이다.

오월왕吳越王이 항주를 차지하였을 적에, 연수선사는 속인의 몸으로 여항현의 창고지기가 되어 있으면서 여러 번 창고의 공금으로 고기와 새우 등속을 사서 방생하였는데, 마침내 공금을 빼어 쓴 죄로 몰리어 사형선고를 받게 되었다.

오월왕은 그가 방생하느라고 공금을 허비한 줄을 알고, 형벌을 집행하는 사람을 시켜서 대사의 말이나 기색을 살펴서 알리라고 하였다.

대사는 사형장에 나아가면서도 슬퍼하는 기색이 조금도 없었다. 사람들이 그 까닭을 물으니, 대사는 이렇게 대답했다.

“나는 공금을 조금도 사사로이 소비한 일이 없었고, 모두 산고기를 사서 자유롭게 놓아준 것이 그 수가 한량없노라. 이제 내가 죽어서는 서방 극락세계에 가서 날 터이니, 그런 좋은 일이 어디 있겠는가?”

오월왕은 이 말을 듣고 대사를 석방하였다.

대사는 그 뒤에 출가하여 중이 되었고, 공부에 부지런히 힘써 걸림이 없는 변재를 얻었다.

대사가 죽은 뒤에 어떤 스님이 명부에 들어갔더니, 염라대왕이 가끔 나와서 어떤 스님의 형상 앞에 예배하는 것을 보고 물었다.

대답하기를, “이 분은 인간의 영명 연수선사인데, 서방정토의 상품상생에 왕생하였으므로 그의 공덕을 소중히 여겨 예배하노라”고 하였다.

용왕의 아들 살려주고 약방문 얻은 손진인

손진인이 신선이 되기 전에 나다니다가 보니, 어

떤 아이가 뱀 한 마리를 잡았는데, 오래 시달려서 죽게 되었으므로 돈을 주고 사서 물에 놓아주었다.

그 뒤에 가만히 앉았는데, 어떤 하인이 와서 청하므로 따라가 보니 한 관청인데 그곳은 세상에서 말하는 수정궁이었다.

용왕이 맞아서 윗자리에 앉게 하고 말하기를, "철없는 내 아들이 어제 나다니다가 선생을 만나지 않았으면 죽었으리라" 하면서 연회를 베풀고 여러 가지 보물을 주면서 사례했다.

손진인은 사양하면서 말하기를, "들으니 용궁에는 비밀한 약방문이 많다 하니 그 방문方文을 내게 전하여 세상을 구하게 하면 금옥의 보물보다 낫겠노라"고 하였다.

용왕은 설흔 여섯 가지의 방문이 들어 있는 책을 전하였으므로, 그때부터 손진인의 의술이 훌륭하여졌고, 마침내 신선이 되었다고 한다.

적석도인赤石道人의 7종 방생

첫째, 자식이 없는 사람은 반드시 방생하라(求子孫者放生).
둘째, 자식을 잉태하면 반드시 방생하여 산모를 보전하라(孕胎者放生).
셋째, 기도함에 반드시 방생하여 복을 많이 지어라(所願者放生).
넷째, 미리 닦고자 하거든 방생부터 먼저 하라(豫修者放生).
다섯째, 재계(齋戒)를 가짐에 반드시 방생하라(齋戒者放生).
여섯째, 복록(福祿)을 구함에 먼저 방생하여 복을 쌓아라(求祿者放生).
일곱째, 염불함에 반드시 방생부터 하라(念佛信仰者放生).

개미를 살려준 일로 사미는 단명한 것이 장수하게 되고, 선비는 낮은 처지로 높은 벼슬을 하였으며, 마찬가지로 거북을 놓아주어 모보(毛寶)는 위태하게 되었다가 난을 벗어났고, 공유(孔愉)는 미천한 벼슬로 제후를 봉하게 되었다.

개미들을 살려주고 장수하게 된 사미승

개미를 살려준 두 가지 일에서, 첫째 단명한 것이 장수하게 되었다 함은, 옛날에 어떤 사미가 스님을 모시고 있었는데, 스님은 사미가 앞으로 이레면 죽을 줄을 알고, 집에 가서 어머니를 뵙고 이레 후에 오라고 하였다. 물론 어머니 곁에서 죽게 하려는 것이다.

사미는 이레 후에 돌아왔다. 스님은 이상히 여기고 삼매에 들어서 살펴보니, 사미가 집으로 갈 적에 길가에서 여러 개미들이 물에 빠져 살려고 애쓰는 것을 보고 다리를 놓아서 건져주었으므로 개미들은 죽지 않았고, 사미는 그 일로 수명이 연장

된 것이었다.

개미떼를 살려주고 벼슬이 높아지다

둘째, 낮은 처지로 높은 벼슬을 한 이야기다.

송교와 송기는 형제간이었다. 이들은 한꺼번에 과거를 보게 되었다.

송교가 전날에 여러 개미가 물에 떠내려감을 보고, 대를 엮어 다리를 만들어 건져준 일이 있었는데, 어떤 스님이 그의 관상을 보고 놀라서 말하기를, “당신은 수백만 생명을 살려주었구료!”라고 했다.

송교는 그런 일이 없다고 했더니, “사람만이 아니라 살아 있는 것은 모두 생명이라”고 하는 스님의 말씀을 듣고 나서야 개미 건져 준 일을 말하였다.

스님의 말이, “당신의 동생은 여러 선비 중에서 장원 급제를 할 터이고, 당신도 동생만 못하지 않으리라”고 하였다.

뒤에 방을 부르는데, 송기가 장원이 되었다.

조정에서 의논하기를, 동생이 형보다 앞서는 것이 마땅치 않다 하여, 송기는 열째가 되고, 송교가 첫째가 되었으니, 그 스님 말이 맞은 것이다.

방생한 거북이 물에 빠진 장수를 살리다

거북을 놓아준 두 가지에서, 첫째 위태하게 되었다가 난을 벗어난 것은, 모보가 미천하였을 적에 길에서 거북을 가지고 가는 사람을 만나 사서 놓아 준 일이 있었는데, 뒤에 장수가 되어 싸우다가 패전하여 물에 빠지게 되었다.

그 때 물속에서 무슨 물건이 발을 받들어 주어서 더 빠지지 않고 언덕에 올라와서 보니 발을 받들어 준 것은 예전에 놓아준 거북임을 알았다.

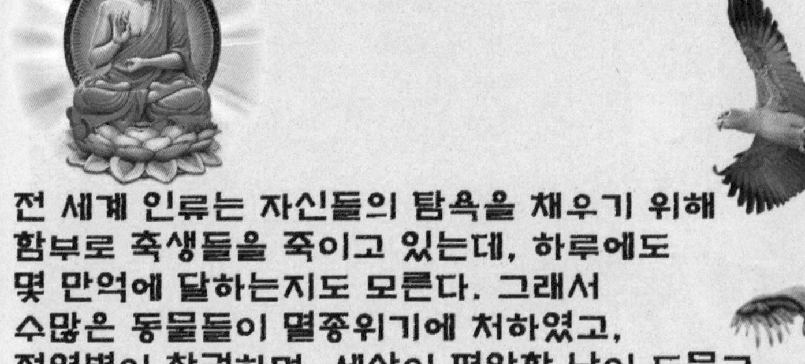

전 세계 인류는 자신들의 탐욕을 채우기 위해
함부로 축생들을 죽이고 있는데, 하루에도
몇 만억에 달하는지도 모른다. 그래서
수많은 동물들이 멸종위기에 처하였고,
전염병이 창궐하며, 세상이 편안할 날이 드물고
사람들에게 불길한 재난들이 많이 생기는 지경까지 이르렀다.
이는 모두 인과를 믿지 않고 염불을 믿지 않은 소치이다.
만약 저들이 비록 축생이지만 불성은 나와 평등하고,
무량한 윤회 가운데 혹 나의 부모였을 수도 있고
염불법을 만난다면 역시 성불할 수 있다는 것을
진실로 믿는다면 어떻게 감히 살생할 수 있겠는가!

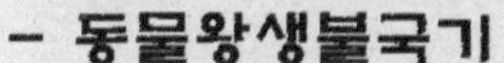

- 동물왕생불국기

금동 미륵보살 반가사유상(국보 78호)

미천한 관리가 거북을 살려주고 제후가 되다

둘째, 미천한 벼슬로 제후를 봉하게 된 것은, 공유는 본래 미천한 관리로서 일찌기 거북을 놓아준 일이 있었는데, 그때 거북이 물 위에 떠 올라와서 자주 머리를 돌려 돌아보면서 간 일이 있었다.

그 뒤에 공유는 공로가 있어 제후에 봉해지게 되었는데, 제후의 인장을 부을 때에 인장의 거북 꼭지가 머리를 돌리고 있었다. 세 번 네 번 다시 부어도 거북 꼭지는 마찬가지로 머리를 돌리고 있었다.

인장 붓던 사람이 공유에게 말하니, 공유는 옛날에 거북 놓아 준 일을 생각하고, 자기가 제후에 봉해진 일이 거북을 놓아준 과보인 줄을 비로소 깨달았다.

굴 스님은 원촌에서 잉어를 살려주고 십 년을 더 장수하였으며, 수나라 임금은 제 나라에서 뱀을 구제하고 천금 가는 구슬을 얻었다.

잉어 방생하고 수명이 10년 늘어난 굴 스님

굴 스님이 원촌에서 잉어를 가지고 가는 것을 보고 사서 놓았더니 어느 때 꿈에 용왕이 용궁으로 청하여서 말하기를, "그대의 목숨이 이제 한정이 되었지마는 잉어를 살려준 공덕으로 십년을 더 살리라" 하였다.

뱀을 살려주고 구슬 얻은 임금

수나라 임금이 제 나라에 가다가 길가의 자갈밭에서 뱀 한 마리가 머리를 상하여 피가 흐르는 것을 보고 지팡이로 들어서 물에 놓아 주었다.

돌아오던 길에 뱀 구하던 곳에 다다르니, 그 뱀이 구슬을 물고 와서 임금에게 주었다. 그러나 그 구슬을 받지 아니하였는데, 그날 밤 꿈에 발로 뱀을 밟고 놀라 깨니 구슬 한 쌍이 곁에 놓여 있었다.

술에 빠진 파리를 건져 준 술장수는 사형을 면하게 되고, 삶으려는 자라를 놓아준 식모는 병이 나았다.

파리를 자주 살려주고 사형을 면한 술장수

파리를 건져 준 것은, 어떤 술장수가 (파리가) 술에 빠져 죽은 것을 보고 건져 내어 마른 땅에 두고 재를 몸에 덮어주었더니 물이 빠진 파리가 살아난 것이다. 이렇게 하기를 오래오래 하여 수많은 파리를 살려주었다.

뒤에 도둑의 불림에 들어서 변명하지 못하고 죽게 되었는데, 법관이 붓을 들고 판결문을 쓰려 할 적에 파리들이 붓 끝에 모여와서 붙었다. 쫓으면 또 모여 붙어서 글을 쓸 수가 없었다.

법관의 생각에, 선뜻 억울한 판결이 아닌가 하여 자세히 물으니 과연 억울하였다. 도둑을 불러서 사실을 따진 즉 거짓이라고 자백하여서 술장수가 석방되었으니, 역시 이상한 일이었다.

솥에 들어갈 자라 살려주고 병이 나은 식모

자라를 놓아주었다는 것은, 한 정(程)씨 부부가 자라 고기를 즐겼다. 하루는 큰 자라가 생겨서 밥 짓는 식모에게 삶으라고 하고 밖에 나가게 되었다. 식모가 생각하니 자기 손으로 죽인 자라가 수 없이 많았다.

식모는 이런 생각을 하였다. '이번에만은 이 자라를 살려 주자'고. 자기가 어떤 핍박을 당하는 한이 있더라도.

주인이 밖에서 돌아오자 자라 고기를 들여오라고 하였다. 자라가 달아났다고 하고는 매를 맞은 일이 있었다.

식모는 그 뒤 돌림병이 들어서 거의 죽게 되었다. 집 사람들은 식모를 수각 옆에 내다버렸는데, 밤중에 무엇이 못에서 나와 젖은 흙을 가져다가 식모의 몸에 발라주어 열이 내리고 병이 나았다.

주인이 이상히 여기고 물어본 즉 사실대로 대답하였으나 믿지 않아 밤에 가만히 엿보았더니 예전에 잃어버린 바로 그 자라였다.

온 집안은 깜짝 놀라서 다시는 자라를 먹지 않았다.

도수장에서 죽을 짐승을 사서 놓아주던 장제형(張提刑)은 죽어서 천상에 태어났고, 고깃배에서 산 것을 사서 놓아주던 이경문은 주사의 독이 풀리었다.

도살장의 짐승 구해주고 천상에 난 장제형

장제형은 항시 도수장에 가서 잡혀 오는 짐승들을

사서 놓아 주었는데, 뒤에 임종할 때 가족에게 말하기를, "나는 방생을 많이 하여 덕을 쌓았으므로 지금 천상에서 나를 맞으러 왔기에 따라가노라" 하고 편안히 앉아서 죽었다.

배에서 살려준 물고기들이 등창을 치료하다

이경문은 고기잡이배에 가서 산 고기들을 사서 물에 놓아 주기를 오래 하였는데, 경문이 선도(仙道)를 좋아하여 늘 주사朱砂로 단약을 만들어 먹었으므로, 열기가 쌓여 병이 되어 등창이 났는데 백약이 무효였다. 혼수상태에 있을 적에 여러 고기들이 등창의 독을 빠는 듯 하더니 상쾌함을 느끼게 되고, 마침내 병이 쾌차하였다.

손양사(孫良嗣)는 붙들린 새를 놓아주었더니, 죽어 장사할 때에 새들이 역사를 도왔고, 반현령(潘縣令)은 강에서 고기 잡는 일을 금하였더니 갈려 갈 적에 고기들이 슬피 울었다.

살려준 새들이 흙을 물어 손양사를 묻어주다

손양사는 붙들린 새들을 보면 항상 사서 놓아 주었는데, 죽은 뒤에 가난하여 장사 지낼 힘이 없었다.

그때 수백 마리의 새들이 흙을 물어다가 시체를 덮으니, 보는 이들이 자선하던 과보라고 찬탄하였다.

고기잡이 금한 현령 위해 통곡한 물고기들

어느 골 현령 반 공은 금령을 내려 강에서 고기잡는 일을 못하게 하고, 어기면 벌을 주었다.

임기가 차서 갈려 갈 적에 물속에서 통곡하는 소리가 들려서 사람들이 듣고 이상하게 여겼다.

신대사(信大師)는 기우제 지내려는 짐승을 살렸더니 단비가 내렸고, 육조 스님은 사냥꾼의 그물을 맡아 보았는데, 덕망이 온 나라에 퍼졌다.

기우제 짐승 살리고 비 오게 한 신 대사

신대사는 날이 가물어서 백성들이 짐승을 잡아 기우제 지내려는 것을 보고 딱하게 여겨, “그대들이 짐승을 죽이지 않으면 내가 기도하여 비를 오게 하리라”고 하였다.

농민들이 허락하니 대사는 지성으로 기도하여 단비가 넉넉히 와서 여러 사람이 감화되었다.

16년간 사냥꾼에 잡힌 짐승 놓아준 육조 스님

육조 스님은 황매산에서 오조 스님의 법을 전하여 받고, 속인으로 사냥꾼을 따라다니면서 그물을 지키고 있다가 노루나 토끼가 걸리면 몰래 놓아 주기를 16년 동안이나 하였는데, 나중에 조계산에 계시면서 많은 사람을 제도하여 그 은혜가 온 천하에 퍼졌다.

참새는 옥환을 물고 와서 은혜를 갚았고, 여우는 우물 위에서 도술을 가르쳐 주었다.

옥환을 물고 와서 은혜 갚은 참새

양보(揚寶)가 어렸을 적에, 한 참새가 올빼미에게 채여서 땅에 떨어졌다.

개미떼들이 모여들어 뜯어 먹으려는 것을 보고, 가져다가 상자에 넣어 두고 먹을 것을 주어서 상처가 다 나은 뒤에 날려 보냈더니, 꿈에 누른 옷을 입은 동자가 와서 사례하고 옥환 네 개를 주면서 말하기를, "나는 서왕모의 사자인데 그대의 신세를 지고 살아났으니, 바라건대 그대의 자손이 이 옥환같이 결백하고 정승의 자리에 오르기를 비노라"고 하였다.

그 뒤에 과연 4대손까지 높은 벼슬을 하였다.

은혜 입은 여우가 도술을 가르쳐 주다

여우가 도술을 가르쳤다는 일은, 어떤 중이 불량해서 황정(黃精)이 사람을 늙지 않게 한다는 말을 듣고, 그 일을 시험하려고 마른 우물 속에 황정을 넣고 사람을 꾀어 우물에 들어가게 한 뒤에 연자매의 판돌로 위를 덮어 버렸다.

그 사람은 우물 속에 갇혀서 어찌할 바를 몰랐다.

그때 한 여우가 우물 위에서 내려다보며 말하기를, "그대는 걱정하지 말라. 좋은 술법을 가르쳐 주리라."

도통하는 여우들은 무덤 위에 구멍을 뚫고 그 밑에 누워서 일심으로 구멍만을 주목하여 보다가 오래 되면 날아 나오게 되나니, 이것은 선경(仙經)에서 말한 바 정신이 몸을 날게 한다는 것이다.

"그대는 이 판돌의 복판 구멍만 주목하여 보라.

나는 예전에 사냥꾼에게 잡혔다가 그대가 사서 놓아 준 은혜를 갚으려고 가르쳐 주노니 주의하라"고 했다.

그 사람은 그러한 방법으로 10여 일 후에 우물에서 나왔다.

그것을 본 중은 황정의 영험인 줄로만 알고, 대중을 작별하고 황정을 한 짐 지고 우물에 들어가면서 한 달 후에 열어 보라고 하였다.

기한이 되어 열어보니 물론 죽어 있을 수밖에….

죽게 되던 지네가 살아나서는 벽에 붙어서 경을 들었고, 잡혔던 드렁허리들은 누른 옷을 입고 현몽하여 살기를 구하였다.

살려준 지네가 벽에 붙어 법문을 듣다

지네가 벽에 붙어 경을 들었다는 것은, 내가 어느

절에 있을 적에 어떤 사람이 지네 몇 마리를 잡아서 댓가지로 머리와 꽁지를 버티어 말리는 것을 보고 사서 놓았더니 대개는 죽고, 한 마리가 살아서 달아났다.

어느 날 밤에 도반들과 함께 앉았노라니 벽에 지네가 붙어 있는 것이 아닌가? 목척으로 곁을 두드렸으나 가지 아니하기에, 나는 이렇게 말하였다.

"전날에 놓아준 것이 네가 아니냐? 네가 그 일을 사례하는 것이라면 너에게 법문을 말할 터이니 자세히 들으라" 하면서, "모든 중생은 마음으로 생겨났는데, 마음이 영악한 것은 범이나 이리 따위가 되고, 마음이 악독한 것은 뱀이나 전갈 따위가 되었으니, 네가 만일 악독한 마음을 없애면 그 더러운 몸을 벗어날 수 있으리라" 하고, 가라고 하였더니 쫓지 않아도 천천히 나가 버렸다.

함께 있던 도반이 그 모양을 보고 희유한 일이라고 탄식하였으니, 그때는 융경 4년[서기 1571년]

이었다.

드렁허리 열 마리가 꿈에 나타나다

현몽을 하였다는 이야기는 다음과 같다.

항주의 호숫가에 살던 간(干)씨가 이웃집에서 도둑 맞은 일이 있었는데, 시집 간 딸이 드렁허리 열 마리를 어머니에게 보내면서 문안한 것을 물독에 넣어두고 잊어버렸었다.

하루 저녁에는 누른 옷 입고 뾰족한 모자를 쓴 사람 열 명이 꿇어앉아서 살려 달라고 했다. 깨고 나서는 이상하여 점장이에게 물으니 방생하기를 원하는 것이 있다고 했다.

집안을 두루 살피니 독에 드렁허리 열 마리가 들어 있어 놓아 주었다. 그때는 만력 9년[서기 1581년]의 일이다.

물고기 알을 방생하고 장수하다

송나라 휘종 선화 때, 장사를 크게 하던 양서가 28세 되던 어느 날 꿈에 신장이 와서 말하기를, "그대가 10일이 지나면 죽을 것이나 1만 생명을 살리면 죽음을 면하리라"고 하였다. 양서가 말하기를, "기한이 박두한데 일만 생명을 어떻게 살릴 겨를이 있겠느냐?"고 했더니, 신장의 말은 이러했다.

"《대장경》에 말하기를, '고기 알을 소금에 절이지 아니한 것은 3년 동안 살아 있다' 하였으니, 그것을 방생하라'고."

양서는 신장의 말대로 네 길거리에 써 붙여서 알리고, 또 고기 잡는 사람을 보면 알을 사서 강에 넣었다. 한 달 쯤 뒤에 신장이 꿈에 와서 말하기를, "지금 그대가 방생한 것이 수백만이나 되었으니 그대의 수명이 연장되리라" 했다. 양서는 그 뒤에 구십이 되도록 살았다.

새우, 소라 등을 방생하고 아들을 낳다

중국의 항성산문 밖에 있는 양서묘(揚墅廟)에는 신이 영검하다고 기도하는 이가 구름처럼 모여들었다.

소홍의 예옥수가 그 사당에 가서 "아들을 낳아지이다" 하고 빌면서 "아들을 낳게 되면 돼지, 양, 닭, 거위, 술로 은혜를 사례하겠다"고 하였더니, 꿈에 신이 와서 하는 말이, "네가 아들을 낳고자 하면서 살생하려는 원을 세우니, 내가 비록 혈식(血食)하는 신이지만 어찌 너의 살생한 것을 먹겠느냐?"

그래서 옥수가 신에게 가르쳐주기를 청하니, 신의 말이, "네가 자식을 두고자 하면 다른 것들도 자식을 두고자 할 것이다. 생물 중에 새끼가 많은 것은 새우와 소라만한 것이 없으니, 그런 것을 방생하라"고 하였다. 옥수는 그때부터 새우나 소라 잡는 것을 보면 곧 사서 강물에 놓았더니, 그 뒤에 과연 아들을 다섯 연하여 낳았다.

소고기를 안 먹겠다 하니 아들의 병이 낫다

항주의 오항초가 쇠고기를 즐겼는데, 연거푸 아들과 딸이 죽었고, 또 한 아들이 마마를 앓고 있는데 의약과 기도가 무효했다.

항초가 꿈에 명부에 갔더니 마침 항초가 소를 죽였다고 호소하는 이가 있었다. 그것들과 대면하는데, 판관이 뭇 소를 불러서 항초의 전신을 맡아보라 하니, 소는 말이 없고 항초는 말하기를, "소의 고기는 먹었으나 소를 죽인 일은 없었노라" 하고, "이 뒤로는 다시 소고기를 먹지 않겠노라"고 맹세하였다.

판관이 소를 타일러 보내고 항초는 놓여 나오는데, 어떤 집 위에 사람이 서서 항초를 부르고 있었다. 항초가 쳐다보니 문득 무슨 물건을 집어던지며 도로 네게로 가라고 하였다. 자세히 보니 자기의 아들이었고, 꿈을 깨니 아들의 병은 나아 있었다.

닭 잡는 것을 말리고 호환을 면하다

중국의 구주(衢洲)에 한 아전이 있어 세금을 받았는데, 어떤 시골집에서는 가난하여 아전 대접할 찬거리가 없어 알 안은 암탉을 잡으려 하였다.

아전이 보니, 누른 옷 입은 사람이 아전에게 살려주기를 빌면서 하는 말이, "내가 죽는 것은 아깝지 않으나 새끼들이 세상을 보지 못함이 한탄이라" 했다.

아전이 놀라서 자세히 보니, 집 옆에 어떤 닭이 알을 품고 있는데, 그 집 사람이 그 닭을 잡으려 하므로 그것을 잡지 못하게 말렸다.

그 뒤에 아전이 그 집에 다시 갔더니, 닭이 여러 병아리를 데리고 아전의 앞에 와서 뛰면서 좋아하였다. 아전이 그 집을 떠나서 수백 보를 걸었을 적에 호랑이가 따라오고 있었다.

이때 문득 닭이 날아와서 호랑이의 눈을 쪼아서 아전은 호환(虎患)을 면하였고, 그 마을에서는 그

때부터 모두 닭을 잡아먹지 않았다고 한다.

- 《방생살생현보록(放生殺生現報錄)》에서

정성을 다하고 공경을 다하면 竭誠盡敬
그 경계가 묘하고 묘하고 묘하니라 妙妙妙
간절한 마음에서 나는 빛 懇心放光
그것을 아미타불이라고 하느니라 是彌陀
- 인광대사

방생의 10대 공덕

1. 전쟁을 겪지 않는다.
2. 모든 길상吉祥한 일이 생긴다.
3. 건강하고 장수한다.
4. 자식이 많고 훌륭한 아들을 낳는다
5. 모든 부처님께서 기뻐하신다.
6. 다른 중생들이 그 은혜에 감사한다
7. 모든 재난이 없다.
8. 천상에 태어난다.
9. 모든 악업이 소멸된다.
10. 복덕과 수명이 영원하다.

- 인광대사

꿈꾸고 나서 도살 업을 버리다

중국 영주에 사는 장 거사는 처음에 도살하는 업을 하면서 날마다 돼지를 잡았는데, 이웃 절의 새벽 종소리를 듣고 잡기를 시작하였다.

하루는 종소리가 나지 않았다.

그것은 그 절 스님의 꿈에 열 한 사람이 찾아와서 살려 주기를 빌면서 하는 말이, "종을 치지 않으면 우리가 살아난다" 하여 종을 치지 않은 것이다.

그날 장 거사가 잡으려던 돼지가 마침 열한 마리였다. 장거사가 이 말을 듣고 감동하여 생사에 윤회하는 인과를 깨달아, 도살하는 업을 버리고 불법에 귀의하여 십여 년을 수도하여 과거와 미래의 일을 알았고, 자기의 죽을 날을 정하고 앉아서 갔다고 한다.

개를 죽을 데다 팔지 않아 화재를 면하다

청나라 강희 때에 동향의 오진에 있는 어느 집에서 개를 길렀는데, 밤마다 개가 물을 건너서 강의 남쪽 사람의 집에 가서 집을 지켰다.

하루는 주인이 개에게 꾸짖기를, "내가 너를 기르는 것은 집을 지키려는 것인데, 너는 남의 집만 지키니, 내일은 개백정을 찾아가서 너를 팔아 버리겠다"고 하였다.

그날 밤에 개가 현몽하기를, "내가 전생에 그 사람에게 빚을 진 탓으로 밤마다 그 집을 지켜주어 빚을 거의 다 갚고 이제 13전이 남았으니 그 빚만 갚으면 그 집에 다시 가지 않고 주인의 덕을 갚겠노라"고 하였다.

이튿날 주인은 개에게 13전을 목에 걸어 주면서, "어제 밤에 네 말대로 이것을 주는 것이니 그 집의 빚을 갚으라"고 하였다.

개는 그 돈을 물고 물을 건너가 그 집에 던지고

와서는 다시 물을 건너가지 아니하였다. 그 뒤에 주인이 술에 취하여 밤에 집으로 오다가 잘못하여 연못에 빠졌다.

개가 짖으면서 옷을 물어 언덕으로 끌어 올리고 주인의 집에 달려가서 머리로 방문을 두들겼다. 주인의 부인이 깨어보니 개가 못 있는 데로 왔다 갔다 하면서 그리로 가자는 시늉을 했다. 개를 따라 가 보니 주인이 연못가에 누워서 정신을 차리지 못하고 있었다. 주인을 붙들어 집에 돌아왔는데, 주인이 술이 깬 뒤에 말하기를, "전날 꿈에 네가 나의 덕을 갚겠노라 하더니 그것이로다" 하였다. 또 수 일 후에 집안 사람이 잠들었을 적에 개가 머리로 문을 두드리면서 짖고 있었다. 부부가 놀라서 깨어 보니 부엌에서 불이 나 집이 타고 있었으므로 급히 서둘러 불을 끄게 되었다.

그 후부터는 개를 사랑하여 기르다가 죽은 뒤에는 관에 넣어 묻었다.

-《방생살생현보록(放生殺生現報錄)》에서

누가 어린 새들의 생명이 보잘것없다 하는가.
다른 모든 생명체와 같이 피와 살이 있는 귀중한 생명이다.
권하건대 나무에 앉은 작은 새들이라도 함부로 죽이지 마라.
어린 새들도 자기의 어미가 돌아오기만을 기다리고 있다네.
誰道群生性命微 一般骨肉一般皮 勸君莫打 枝頭鳥子在巢中望母歸
- 백거이白居易

돈 없이 방생한 일

당 나라 현종의 천보 때에 구조린이 나이가 40세가 되도록 아들이 없어 신에게 기도하였다.

하루는 신이 현몽하기를, "네가 아들이 없을 팔자이나 정성이 지극하니 아들 얻을 방법을 가르치리라."

조린이 기뻐서 방법을 물으니 신이 말하기를, "하늘은 방생을 가장 소중하게 여기니, 네가 능히 일만 목숨을 살리면 아들을 낳게 되리라."

조린은, 가난한 사람이 무슨 돈이 있어 방생할 수 있겠느냐고, 팔자가 고독해서 아들을 얻을 수 없다 하고 울면서 신에게 자비를 베풀어 달라고 간청하였다.

신이 웃으며 말하기를, "그대는 참으로 어리석도다. 방생하는 데 무슨 돈이 들겠느냐? 네가 돈이 없으면 돈 있는 이에게 권하여 방생케 하여도 공덕이 같으니라" 했다.

조린이 꿈을 깨고 친구 전옥성을 찾아가서 꿈 이야기를 하면서, “그대가 나의 권고를 들어 방생하면 그 공은 그대에게 돌아가고, 나는 그 덕분에 성이나 전하게 된다면 그만 다행이 없겠노라”고 하였더니, 옥성은 그 일을 허락하였다.

그 후부터 조린이 잡힌 생명을 만나면 옥성에게 권하여 방생케 하였다. 두어 달 뒤에 조린의 꿈에 신이 말하기를, “상제께서 네가 방생한 공덕을 가상하게 여기어 옥소동자를 보내셨으니 너의 집으로 갈 것이고, 옥성의 아들은 금년에 마마의 액을 만날 터이나 상제께서 특사하였느니라” 했다.

그해 마마가 크게 유행하여 죽는 이가 그 수를 헤아릴 수 없었는데, 옥성의 아들은 아무 탈이 없었고, 그 이듬해에 조린은 아들을 낳고 가세도 점점 피어나게 되었다.

살생을 금한 인광대사와 정공법사의 동식물 감화

인광대사(印光大師)께서 젊은 시절을 보냈던 골방에는 모기도 많고 벼룩도 있었다고 합니다. 대사를 시봉하던 시자는 그 벌레들을 몽땅 쫓아버리려고 하였습니다. 그러자 대사가 이렇게 말씀하셨다고 합니다.

"그럴 필요없다. 그놈들이 있어야 내 수행이 아직 덜 되었다는 것을 알 수 있다. 나의 덕행이 모자라서 그놈들을 감화시키지 못한 것이니라."

대사가 70세를 지난 이후로 그런 모기 따위의 벌레들이 과연 하나도 보이지 않게 되었다고 합니다. 저(정공淨空 법사)도 지금 70세가 넘었습니다. 제가 사는 방안에도 전에는 개미며 바퀴벌레 따위가 보이더니, 이 몇 해 사이에는 점점 줄어들고 있습니다. 이렇게 수행의 효과가 보여서 저도 아주 기쁩니다.

제가 호주의 투움바(Toowoomba)에 조그만 도량을 막 열었을 때, 그곳에도 개미와 바퀴벌레 따위의 작은 벌레들이 아주 많았습니다. 그 산위의 도량에는 두 명의 도반이 함께 살고 있었지요. 저는 도반들에게 절대 벌레를 죽이지 말라고 당부했습니다. 오히려 그 벌레들을 청정한 마음, 공경하는 마음, 진실하고 성실한 사랑의 마음으로 대하라고 하였지요. 그냥 벌레를 해치지만 않는 것이 아니라, 그것들을 해치고 싶다는 마음조차도 끊으라고 하였습니다.

그래서, 벌레를 볼 때면 우리는 합장하고 이렇게 부르곤 했습니다.

"개미 보살님, 바퀴벌레 보살님."

우리는 정말 이러한 마음으로 벌레를 대해야 합니다. 벌레를 보면 이렇게 말해야 하지요.

"너희들과 나의 생활환경은 서로 다르다. 방의 안쪽은 우리의 생활공간이고, 방의 바깥은 너희들의 생활공간이다. 부디 우리 서로 화목하게 살아가자. 서로의 공간을 넘어서거나 어지럽히지 말도록 하자."

그렇게 하였더니 지난 일년 반 동안에 개미는 한 90퍼센트 정도가 줄었습니다. 옛날처럼 때를 지어 줄지어 다니는 일은 이제 없어졌습니다.

식물을 대할 때에도 역시 예외가 아니지요. 우리는 도량의 꽃밭에 많은 나무와 화초를 심었습니다. 또 야채도 있지요. 우리는 이들 또한 사랑의 마음으로 대하고 보살폈습니다. 그러자 꽃은 유난히 아름답게 피어나고 향기도 유난히 좋았습니다.

이곳에 심은 작은 나무와 야채들은 특별히 잘 자라는 것 같았습니다. 우리가 무슨 화학비료를 쓴 것도 아니고 농약을 쓴 것도 아닙니다. 순전히 사랑의 마음으로 보살폈을 뿐입니다. 그랬더니 나무와 꽃과 풀이 다 감동을 하였던 모양입니다.

이러한 일들이 다 "운명도 내가 만들고 복도 내가 짓는다"는 말씀을 설명해주는 예화입니다.

이 말은 제가 50년동안 불교공부를 하면서 직접

체득한 감회입니다. 정말 나의 운명이 완전히 바뀌었으니까 말입니다. 비록 제가 대자재(大自在)와 대원만(大圓滿)의 경지에 이르렀다고는 못하겠지만, 그러나 적어도 자재하고 원만한 경지에 가까이는 다가가고 있지 않습니까? 그리고 언젠가는 꼭 그러한 경지를 얻으리라는 믿음도 갖고 있습니다.

- 정공법사의 요범사훈 강술 〈개조명운 심상사성改造命運 心想事成〉

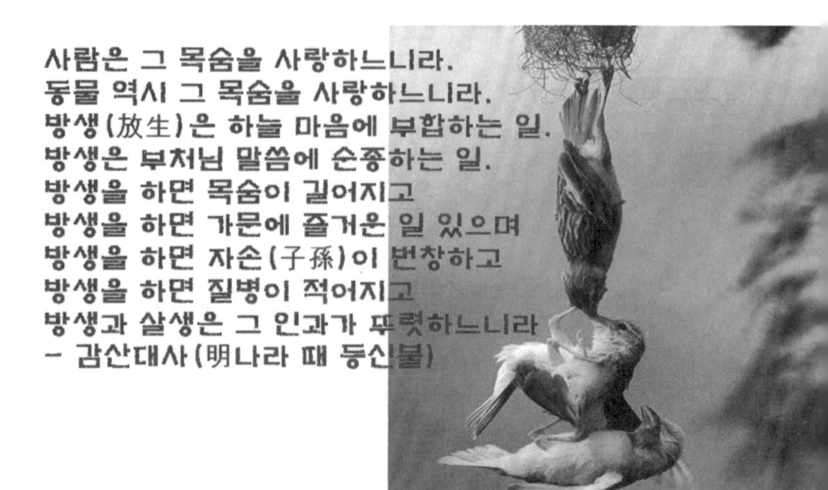

공간 이동한 거대한 가물치

경기도에 사는 농부인 모씨는 여름 어느 날 논일을 하러가다가 논 주위의 좁고 수량(水量)이 적은 개천에 무언가 아주 큰 것이 뭍으로 반쯤 걸쳐진 채 있는 것을 보았다.

가까이 다가가서 보니 물고기인데 그 뿐만 아니라 동네 사람 누구도 그 당시에 그렇게 큰 민물고기는 생전 보지도 듣지도 못하였다고 하였다.

길이가 못되어도 1미터 50센티미터는 족히 넘을 듯하였으며 무슨 고기인지도 의문이었으나 동네 사람들을 통해 두루 알아본 바 가물치라는 결론에 이르렀다. 아마 그 가물치는 인근 저수지에서 흘러 들어와서 어찌어찌 해서 그곳까지 온 모양이었다.

호박이 넝쿨째 들어온 횡재라고 생각한 그는 동네 사람들의 도움을 얻어서 집으로 큰 가물치를 옮겼다. 욕실 욕조에 임시로 두고 어찌 할까 생각했는데, 그 가물치가 얼마나 컸던지 욕조를 다 채우고도 그 꼬리가 욕조밖으로 나와 있을 정도였다. 가물치를 요리해서 동네잔치를 할까 생각하던 그는 중탕을 끓여서 가족이 먹고 또 나눠먹는 것이 가장 좋겠다는 이야기를 동네사람으로부터 듣고 그렇게 하기로 하고 평소 잘 알고 이용하던 건강원 사장을 집으로 불렀다.

그 이튿날 집으로 왔던 사장과 함께 가물치가 있던 욕실의 욕조를 본 순간 모두들 놀랐다. 얼마 전까지만 그곳에 얌전하게 가만히 있던 가물치가 없어진 것이었다. 그리고, 더 이상한 것은 그 가물치가 뛰쳐나갔다면 뛰쳐나간 흔적이 있어야 할 터인데 욕조 주위는 아무 흔적 없이 깨끗했던 것이다.

마을 사람들을 불러서 몇 시간동안 집 주위를 샅샅이 찾아보아도 가물치는 찾을 수 없었다. 이제는 아깝지만 어쩔 수 없나보다 생각하고 다시 욕실로 돌아온 집주인은 다시 한 번 놀랐다. 아까까지만해도 흔적도 없이 사라졌던 그 가물치가 다시 그 욕조 속에 그대로 있는 것이었다.

이러한 이상한 일을 마을 사람들과 함께 경험한 부부는 의논해서 이 가물치는 영물이라서 이런 모양이다, 잡아먹어서는 안 되겠다고 생각하고 인근 넓은 저수지에 방생을 하기로 결정하였다.

마을 사람과 함께 트럭에 실어서 그 가물치를 넓은 저수지에 놓아주었는데 그 가물치는 놓아주자마자 깊은 물속에 막바로 들어가는 것이 아니라 몸을 수직으로 세워서 고맙다는 마음을 표시하는 듯 놓아준 사람들을 몇 분동안 바라보더니 물속으로 사라지는 것이었다.

- MBC 다큐멘터리 '이야기 속으로'에 나왔던 실화.

낚시로 잡은 자라가 꿈에 나타나 보은하다

강원도 횡성군에 사는 김ㅇㅇ씨는 동네 선배와 낚시를 갔다가 낚시의 찌가 심하게 요동치는 것을 발견하고 30분 이상 실랑이를 벌인 후에 끌어올렸는데 그것은 크기가 아주 큰 야생 자라였다. 미꾸라지를 낚시 미끼로 했더니 자라가 덥석 물었던 모양이었다.

선배의 말에 자라의 생피를 먹으면 몸에 좋다는 이야기를 듣고 생피부터 먹고 자라를 요리해야겠다는 생각에 집안의 큰 고무통에 담아두었던 자라를 소문 듣고 보러 온 여러 동네사람들 앞에서 잡으려고 하는데 그가 도마 위에서 막상 자라를 잡으려고 했더니 도저히 용기가 나지 않았다. 달리 그 자라를 잡아줄 사람도 없다고 판단한 그는 당시 동네에서 돼지를 잡거나 닭을 잡거나 기타 동네잔치 등에 쓰일 생물을 잘 잡던 양ㅇㅇ씨에게 부탁하니 기꺼이 해주겠다고 하였다.

그런데, 막상 도마 위에서 자라목을 치려고 했던

양씨조차도 칼을 들었으나 자라목을 치지 못하였는데 수백 킬로그램 되는 돼지도 해머 한 방으로 잡곤하던 그도 이상하게 꺼림칙한 마음이 들어서 도저히 못하겠다는 것이었다.

잡을 사람이 없어서 어쩔 수없이 며칠 째 자라를 고무통에 보관하고 있었다. 하루는 잠을 자고 있는데 김ㅇㅇ씨 부부 방 밖에서 누가 방문을 두드리는 소리가 들렸다. 깊은 밤에 누구인가 해서 열어보니 그 자라가 희한하게도 큰 고무통을 넘어서 마당을 지나서 높은 턱을 올라서서 방문을 앞의 두 발로 치던 것이었는데 그것이 문 두드리는 소리로 들렸던 것이다. 그리고, 며칠 뒤에도 다시 문 두드리는 소리가 나서 열어보니 자라가 또 그렇게 똑같이 반복하고 있었다.

부부가 자라를 잡아서는 안 되겠다 싶어 그 자라를 넓은 저수지에 방생하기를 결심하고 다시는 사람에게 잡히지 말고 잘살라는 이야기와 함께 자라를 놓아주고 돌아온 후 며칠 뒤에 김씨는 신기한 꿈을 꾸었다.

방생했던 그 자라가 꿈에 나타나서 사람의 말을 하는데, "아저씨, 앞 집을 사서 식당을 해보세요" 라고 하는 것이었다. 워낙 생생한 꿈이라서 앞집을 가보니 식당할 자리는 아닌 듯한데 이상하다 싶어서 실망하고 머뭇거리며 아내에게도 그 꿈이야기는 하지 않고 있는데, 며칠 후 친구가 이야기하기를 때마침 그 집 주인이 집을 싸게 팔고 다른 곳으로 이사가려고 한다는 것이었다.

그리고, 김ㅇㅇ씨가 꿈을 꾼 며칠 후 이번에는 그의 아내가 다시 그 자라꿈을 꾸었다.

자라는 또다시 사람의 말로 "아주머니, 앞집을 사서 식당을 해보세요. 아저씨를 잘 설득해서요" 라고 하는 것이었다.

정말 심상치 않은 꿈을 두 사람이 다 꾸었다는 사실을 안 부부는 결국 그 집을 사서 식당을 열었는데 막상 식당을 열고 한동안은 목이 안 좋아서인지 손님도 거의 없고 거의 파리만 날릴 정도로 장사가 안 되었다. 그래서, 헛된 짓을 했나 후회하고 있었다.

그런데, 몇달 후에 전혀 생각지도 못했던 일이 일어났다. 행정계획이 발표되어서 주위의 다른 집은 거의 모두 헐리고 그 식당을 중심으로해서 그 주위에 동사무소, 학교, 우체국, 기타 주민편의시설이 속속 들어서면서 그 식당은 처음 개업할 때에는 전혀 예기치 못하게 중심위치에 놓이게 되었다. 행정계획 발표이후 그 식당은 잘되기 시작해서 김ㅇㅇ씨는 그 옆집까지 매수하여 식당을 확장하였고 부부가 같이 운영하며 종업원 세 명을 두고서 지금도 아주 장사가 잘된다고 한다.

더불어 김ㅇㅇ씨 부부는 결혼 후 꽤 오랫동안 아이가 없었고 아들을 갖기를 원했는데 그 자라를 놓아준 얼마 후에 아내가 임신을 해서 건강한 아들을 낳았는데 그것도 자라덕택이 아닌가 생각하고 있다.

- MBC 다큐멘터리 '이야기 속으로'에 나왔던 실화.

백사를 방생하고 허리병이 낫다

어떤 불자는 오래전에 허리를 다쳐 늘 고통을 겪으며 살았는데, 백사(白蛇)라는 뱀의 탕을 해먹으면 효과가 있다는 말을 듣고 시골 친척에게 백사를 구해달라고 부탁했습니다. 부탁한 지 3년 만에 구입을 해서 탕제원에 즙을 내리가려고 할 때 자루 속에 들어있는 백사의 생김새가 궁금해서 자루를 열고 바라보는 순간 백사와 눈이 마주쳤는데 그 뱀이 자기를 처량하게 바라보는 눈빛을 보니 자기 병을 고치기 위해 도저히 뱀을 죽일 용기가 나지 않아 다니는 절 주지스님께 방생의식을 부탁했습니다.

그 주지스님이 택시를 타고 깊은 산속에 가서 살려주었는데 그 후 신기하게도 오랫동안 그토록 아팠던 허리가 유연해지더니 건물의 전세도 나가지 않았던 것이 그 다음날로 계약자가 나타났다는 이야기를 들었습니다.

이 불자의 방생이야 말로 진정한 방생이었으므로

불가사의한 영험을 얻게 된 것입니다

- 서울 명륜동 도림사 정찬스님

살생한 원혼들을 천도하고 문둥병이 낫다

오래전 경남 진주에서 있었던 일이다.

어느 부인이 자식을 낳았는데 8살 때부터 심한 피부질환(문둥병)을 얻어 앓고 있는데, 그 모습이 너무나 비참하고 고통이 심하여 부모의 가슴이 메어지게 아팠다고 한다.

그런데 어느 날 밤 어머니의 꿈에 병든 아들의 방에 무수히 많은 귀신들이 몰려와 "억울하다"며 원성을 지르면서 울어대고 있는 모습이 연거푸 세 차례나 보였다.

그제서야 어머니는 아들이 살생을 많이 한 과보로

몹쓸병에 걸린 것을 알고 부처님을 찾아가 그 원혼들을 풀어주기 위해 다달이 천도재를 올리고, 수없이 많은 방생기도를 드렸다고 한다. 이렇게 한 어머니의 정성으로 얼마 후 아들의 병은 깨끗이 나았다고 한다.

- 흥륜사 정법륜 스님

관음보살 인도로 알 밴 고기 방생해 아들 살리다

1995년 서산에 사는 이충화 여인은 딸 셋을 놓고 끝으로 아들 하나를 낳았는데, 십년 후 남편이 세상을 떠나자 사찰을 찾아 49재를 올려주면서부터

다섯 식구가 모두 불자가 되어 부처님을 의지하며 살아가고 있었다.

그러던 어느 해 봄 열 살 먹은 귀한 아들 광철이가 갑자기 몸이 불덩이처럼 열이 나기시작 하더니 사경을 헤매는 것이었다.

가족들이 놀라서 그날 밤 급히 인근 병원을 찾았으나 "큰 병원으로 가라"는 말을 듣고 부랴부랴 서울 큰 병원에 입원을 시키게 되었다. 아들이 위급한 지경인데 약은 쓰지 않고 검사만 해대더니 온 몸에 주사 바늘을 꼽고 목에는 호수를 끼워 넣어 어린 광철이의 몰골은 형편이 없고 어머니의 가슴은 타 들어갔다.

어머니는 광철이의 손을 잡고 "아들을 살려 달라"

고 관세음보살님만을 오직 일념으로 불렀다. 그러나 어린 아들은 겨우 숨만 쉴 뿐 의식도 없이 갈수록 파리해지면서 도저히 살아날 기미를 보이지 않았다.

그러던 어느 날 어머니께서는 침대 곁에 앉아 관세음보살을 부르다가 잠깐 잠이 들었을 때 흰 옷을 입은 여인이 다가와서 "이제 당신의 아들은 열흘이 지나면 전생의 업보로 죽게 될 것이니 귀한 자식을 살리고 싶거든 일만 생명을 방생하라"라고 하였다. 깜짝 놀라서 깨어보니 생시처럼 여전하였다.

그 이튿날부터 고기를 사다 넣고 또 사다 넣고 하였지만 어려운 시골 살림에 더 이상 어떻게 할 수가 없었다. 6일째가 되던 그날도 방생을 하고 입원해 있는 아들의 손을 잡고 "제발 좀 아들을 살려 달라"고 침대 옆에서 관세음보살을 부르다가 잠이 들었는데 또다시 그 여인이 어린 애기를 하나를 데리고 와서 "형편이 어려우면 알 밴 고기를 사서 놓아주면 되지" 라고 하였다.

이때 어머니는 깜짝 깨어 무릎을 탁 치며 "이제 내 아들은 살았구나" 하며 인천 연안부둣가로 달려가서 알 밴 고기만을 사서 바닷물에 넣어주었다. 이렇게 3일 간 방생을 하고 다시 병원에 돌아오니 아들의 병세가 눈에 띄게 좋아지는 듯 보였다. 이렇게 방생하기를 일주일이 지나자 조금씩 움직이고, 의식이 돌아오면서 아들은 어머니를 알아보기 시작하더니 6개월 후에는 기적처럼 건강이 완전히 회복되어 퇴원을 하게 되었다.

그 후 이충화 불자는 오직 부처님만을 의지하는 불심으로 딸 셋을 잘 길러 좋은 가문으로 출가시키고, 아들 광철이는 한 번도 아픈 곳 없이 건강하게 자라서 서울의 일류대학을 다니고 있다고 하니, 어머니의 장한 불심에 감동하신 관세음보살께서 여인으로 화현하여 가피를 내려 주신 방생기도의 감동적인 영험 사례이다.

- 흥륜사 주지 정법륜 스님

재계를 지녀 공이 커지다

고순지는 상숙 사람으로 평소에 채식만을 하고 한 번도 고기를 먹어 본 일이 없다.

어느 날 눈을 감고 잠이 들었는데 그만 칠일칠야를 계속 자고 깨어나지를 않아 온 집안 식구들을 놀라게 하였다.

잠에서 깨어난 후 그는 식구들에게 말하였다.

"이번 경험은 참으로 뜻 있는 여행이었다. 그날 밤 나는 몽롱한 중에 누가 나를 부르는 것을 느꼈다. 나를 부르는 이는 대광 법사였다. 그분은 내가 평소에 늘 존경하는 큰스님이었다.

그 스님은 나에게 말하기를, '고거사, 우리 법문 들으러 갑시다.'

물론 그 말에 나는 기꺼이 '그러지요' 하고 대답하였다.

나는 대광 법사를 따라서 아주 규모가 큰 도량에 도착했다. 도량은 장엄하고 우아하고 청결했으며 거기엔 이미 많은 선남선녀가 모여 경전 해설을 듣고 있었다.

앞에 있는 법당에서는 금강경을 강의하고 뒤의 법당에서는 부모은중경을 강의하고 있었다. 부모은중경을 강의하시는 고승께서 마지막으로 이러한 지시를 내렸다.

'육식을 하는 재가 거사님들은 살생을 하지 말아야 합니다. 그래야 부모님이 천도되어 좋은 곳으로 가시며 자기의 죄업도 해소시킬 수 있습니다. 그리고, 채식을 하시는 신도들께서는 신심을 더 굳건히 해야할 것입니다.'

대광 법사는 또 나를 한 곳으로 데려갔는데, 나는 거기에 들어서자마자, 마음이 섬뜩하고 간담이 서늘하여졌다. 그곳은 피로 범벅된 혈지(血池, 피의 연못)이었다. 그 연못 중앙에서 한 부인이 통곡을 하면서 소리쳤다. 논고동과 지렁이들이 그 여자의 몸을 칭칭 감고 있었다.

대광 법사는 아주 똑똑하게 나에게 지시를 해주었

다.

'당신의 금생의 어머니는 당신이 채식을 한 공덕으로 이미 천도되었습니다. 여기 있는 이 여자 분은 그대 전생의 생모입니다. 당시에 살찐 오리고기를 좋아하였기 때문에 오늘날 지옥에 떨어져 이런 재앙을 당하고 있는 것입니다. 만일 전생의 어머니를 천도하시려거든 열심히 정성껏 왕생주를 외우십시오.'

이것은 내가 바로 며칠 자고 난 동안 꿈 속에서 겪은 일이오."

이로부터 고순지는 채식의 공덕이 크다는 것을 확실히 믿고, 신심이 더욱 굳어졌다. 그 후 열심히 왕생주를 염송하였다.

며칠 후 피의 연못에서 통곡하던 전생의 그의 어머니가 현몽하여 이미 천도되었음을 알렸다.

새 방생한 공덕으로 전염병에 걸리지 않다

신문보라고 하는 사람은 태호 사람이었다. 성품이 선량하고 그 집은 가족들이 모두 선행을 좋아하고 가끔 방생하는 것도 잊지 않았다.

"낮에 사냥꾼한테 산 문조를 모두 방생했어요?"

"예, 벌써 다 놓아주었습니다."하고 부인이 대답하였다.

"아마 그들은 자유자재로 넓은 하늘과 숲속을 날고 있을 거예요."

그 이야기를 듣고 신문보도 매우 기뻐하였다.

원래 태호 지방의 주민들은 대부분이 고기를 잡거나 새를 잡는 것을 업으로 하고 있었다. 다만 신씨 일가만 그들과 같은 직업을 갖지 않았을 뿐 아니라 그들에게서 새를 사가지고 놓아주곤 했다. 많은 사람들은 신씨 집에선 돈을 새 방생에 쓴다고 참으로 바보같은 사람이라고, "그렇게 한다고 무슨 좋을 게 있어?"하며 빈정대며 비웃곤 하였다.

어느 날 밤이었다. 밤이 깊었을 때 그 마을의 이씨만 아직 잠이 들지 않고 무엇인가 생각하고 있었다. 그때 밖에서 개 짖는 소리가 요란하였다. 그가 보니 돌연히 거리거리에 전염병 귀신이 나타나 무서운 행동을 하고 있었다. 그들은 조그마한 깃대를 들고 작은 소리로 이렇게 속삭이는 것이었다. “신씨 집만 남겨놓고 그 외에는 모두 깃대를 꽂아라.” 하며 돌아다녔다.

그 후 태호 지방에 전염병이 돌아 300호 마을에 병이 걸려 죽은 사람이 넘쳐났다. 그러나, 이상하게도 신문보와 그 집안 사람들만 아무 병이 없이 여전히 건강하였다.

그래서, 전염병이 지나간 후 사람들은 그제야 깨달은 듯, “역시 좋은 일을 하면 좋은 과보를 받는 거야.” 하고 말했다. 그리고, 그 후 신문보는 아무 병이 없이 자기 명대로 살았다.

부처님이 약을 주시다

중국 송나라 때 왕환이란 사람이 병이 들어 거의 죽게 되었는데, 꿈에 부처님이 이르시되 "네가 평소에 방생을 많이 하였으니 마땅히 네 수명을 늘이리라. 지금 네게 약 처방을 전해 주노니, 복령과 황금과 지골피와 감초를 다려 먹으면 병이 곧 나으리라." 하셨다.

왕환이 꿈을 깬 후 하도 이상한 일이라 부처님의 말씀대로 약을 다려 먹으니 병이 깨끗이 나았다.

자신의 복을 내새우고 일체 중생을 가벼이 여기는 그런 방생법회는 실로 아니 한만 못하다.

방생을 행할 때 자신을 낮추고 자비스러운 마음으로 일체 중생을 가엾이 여겨 그 공덕을 그들에게 회향하는 것이 진정한 방생인 것이다.

자라 방생하여 아들 실명 예방

대구에 사는 한 보살은 평소 생명을 살리는 방생에 관심이 많아서 기도하면서 수시로 어류와 자라 등을 사서 꾸준히 방생을 하는 불자이다.

그날도 그 보살은 자라를 사서 넓은 강에 방생하고 돌아왔는데, 그날밤 그 자라가 나오는 꿈을 꾸었다. 자라는 꿈에 나오더니 앞 두발로 자라 자신의 눈을 잠시 비비고는 돌아가는 것이었다.

아침에 일어나서 이상한 꿈이라 생각한 보살은 '도대체 이게 무슨 꿈일까?' 궁금해했는데, 그 의미는 그날 오후가 되어서야 알게 되었다. 얼마 뒤에 용접공으로 일하는 아들로부터 전화가 왔는데, 이러한 이야기를 하는 것이었다.

"엄마, 오늘 정말 큰일 날 뻔 했어요. 간단한 용접일이라서 보호 장구도 없이 용접을 하는데 갑자기 불꽃이 크게 튀어서 하마터면 실명할 뻔 했어요. 다행히 얼굴에 불꽃이 스쳐 가서 아주 조그마한 흔적만 남았어요."

그 이야기를 듣고 그 보살은 자라를 방생한 공덕으로, 아들이 큰 화를 입을 뻔한 것을 아주 작은 일로 지나가게 된 것이라 생각하고 불보살님께 감사한 마음으로 기도를 드렸다.

同體大悲 放生念佛

내가 죽음을 싫어하는 것처럼
생명을 지닌 모든 것들은 죽음을 싫어한다.
형태가 있는 중생이건, 눈에 보이지 않는 중생이건
네 발 달린 중생이건, 발이 많이 달린 중생이건
심지어 개미까지도 생명을 지닌 것들은 다 죽음을 싫어한다.
그러므로 수행자는 자신의 생명을 잃게 되더라도
남의 생명을 빼앗아서는 안 된다.
_《불보은경》

2. 닭을 위해 염불하자
부처님께서 닭을 내영來迎하다

저희 처형의 딸, 다시 말해 저희 작은 조카딸은 어릴 적부터 남들이 볼 수 없는 것들을 볼 수 있었습니다. 1997년 제 아들이 막 출생할 무렵, 겨우 한 살 남짓밖에 안 되던 조카가 장모님과 함께 저희 집에서 한 달 정도 머물게 되었습니다.

어느 날, 집사람이 조카가 혼자서 뛰어노는 것을 보고서 뭐하냐고 물었더니 "동생하고 놀고 있어요." 라고 대답했답니다. 집사람이 주변을 둘러보니 아무도 없기에 다시 "동생이 어디에 있니?" 라고 물었더니, "둘째 고모의 뱃속에 있자나요." 라고 답했답니다.

조카딸의 집 근처에 있는 임산부들은 뱃속에 들어있는 애가 남자인지 여자인지는 조카가 말만하면 정확히 맞췄답니다. 여러 번 말했지만 매번 맞았답니다.

그래서 어른들이 자주 조카딸한테 물었다고 합니다. 저희 애도 조금은 볼 수 있었습니다.

불경에 설하시길, 어린이들의 마음은 단순하고 소박하며 오염이 적어서 흔히 이러한 능력들이 있으나, 성장하여 지식이 열리게 되면 어릴 때처럼 단순하지 않기 때문에 이런 능력들은 점점 사라지게 된다고 하였습니다. 그렇다면 어린이가 볼 수 있는 것도 이상한 일은 아닐 것입니다.

2004년 정월 초삼일 날, 저희 가족은 외갓집에서 명절을 보내게 되었습니다. 이튿날 아침 장인 장모님께서 닭을 잡고 있었는데, 그 당시 이미 불자였던 저는 황급히 마음속으로 닭을 위해 아미타불을 불러주었습니다. 그렇게 몇 분간을 염불하고 나서 다시 방에 들어가 닭을 위해 잠깐 동안 염불을 해주었습니다. 이렇게 그 일은 그냥 지나갔습니다.

낮에 제가 옆집에 저희 애를 찾으러 갔었는데, 옆집에도 이미 닭을 두 마리 잡아놓은 상태였습니다. 저희 애도 그곳에 있었고요. 제가 평소에 항상 아들에게 모든 동물들에 대해 자비심이 있어야 하고, 만약에 그들에게 상해를 입히는 광경을 목격한다면 그들을 위해 염불을 해주라고 교육을 시켰기 때문에 아들에게 닭을 죽이는 것을 보았냐고 물었습니다. 그러자 아들은 봤다면서 누나(저희 조카딸)와 함께 닭을 위해 염불해주었다고 말했습니다.

모든 동물들에 대해 자비심이 있어야 하고,
만약에 그들에게 상해를 입히는 광경을 목격한다면
그들을 위해 염불을 해주라.
-동물왕생불국기

그리고는 또 아미타불께서 연꽃을 가지고 닭을 데리러 오셨는데, 닭이 연꽃 위에 오르자마자 사람의 모습으로 변하더니 하늘로 올라가서 부처님을 따라갔다고 말했습니다. 매우 기이하다는 생각이 든 저는 혼자 조카에게 달려가서 물어보니 두 애의 말이 똑같았습니다.

저녁식사를 할 때, 저는 갑자기 아침에 장인 장모님

께서 죽였던 그 닭이 생각나서 상황이 어떻게 되었는지 한번 물어보는 것도 좋을 것 같았습니다. 그래서 조카에게 물었지요.

"너희 집의 닭은 어떻게 된 거니?"

조카는 생각지도 않고 말했습니다. **"아미타불이 데려갔어요."**

저는 매우 의아했습니다. 왜냐하면 닭을 잡을 때는 아직 이른 새벽이어서 조카딸이 아직 일어나기 전이었거든요. 게다가 제가 닭을 위해 염불한 것을 조카가 전혀 모르고 있었으니까요. 그래서 다시 물었지요.

"네가 어떻게 안 거니?"

"오늘 아침에 꿈속에서 봤어요. 꿈속에서 아미타불이 분홍색 연꽃을 가지고 우리 집 닭을 데리고 갔어요."

조카의 대답이었습니다.

경전에서 설하길, 아미타불께서 48대원을 세우셨는

데, 오로지 죽은 영가들을 서방으로 영접해 가신다고 하셨습니다. 닭도 중생이므로 누군가 염불해준 인연으로 서방에 왕생한 것은 이상할 것도 없겠지요. 제 생각에는 만약에 시장을 가는 사람마다 염불을 할 수 있다면 얼마나 많은 동물들이 부처님을 따라서 서방에 왕생하겠습니까! **닭이 스스로 공부할 수는 없지만 사람들이 도와서 염불했음에도 역시 왕생할 수 있거늘, 하물며 사람이겠습니까?** 사람의 지능은 더욱 수승하므로, 먼저 불경을 읽어서 이치를 깨닫고 나서 열심히 수행을 한다면 극락왕생이 더더욱 쉽지 않겠습니까?

- 이강李剛 2006년 5월 20일 중국 광주에서

3. 동물왕생 법문

정종淨宗 법사[1]

일반적으로 정토왕생을 하려면 설사 성인이 아니라 하더라도 지혜가 뛰어나고 용맹정진하는 대수행자이어야 하고, 설사 대수행자가 아니더라도 선근이 많은 사람이어야 한다고 생각한다. 그러나 경전에서 설하기를 "**일생 동안 악업만 짓고 선이 없는 사람이 다음 생에 반드시 삼악도에 떨어져 고통을 받아야 하지만, 그 사람이 임종할 때 떨어질락 말락 하기 전에 한 번만 염불해도 왕생할 수 있다**"고 하셨으니 참으로 불가사의하다!

그러나 이 왕생사례(**닭을 위해 염불하자 부처님께서 닭을 내영하다**)는 더욱 기이하고 또 기이하다:

첫째, 왕생자는 닭이지 사람이 아니다.

---

1) 중국 홍원사 주지. <동물왕생불국기>(비움과소통) 저자.

둘째, 닭 자신이 염불한 게 아니라 완전히 다른 사람이 닭을 위해 염불해 주었다.

셋째, 닭에게 염불해준 사람은 고승대덕이 아니고, 또 오래 수행하여 공부가 깊은 사람도 아니며, 단지 초심자, 심지어 불법을 모르는 어린이였다.

넷째, 염불자가 단지 진심으로 불쌍히 여기면서 산란한 마음으로 칭념하였고, 심지어 마음속으로 묵묵히 염불하였을 뿐이니, 정신을 집중시키고 청정한 마음으로 관상 등을 한 게 아니다.

다섯째, 염불하는 사람의 수가 한·두 사람밖에 되지 않았기에 많은 대중이 아니었다.

여섯째, 염불하는 시간이 짧아서 몇 번·수십 번, 몇 분 정도밖에 되지 않았다.

일곱째, 염불을 할 때가 마침 닭이 막 도살을 당하여 몹시 두렵고 고통스러워 할 때여서 전혀 평소의 여유롭고 편안함이 없었다.

여덟째, 하루사이에 발생한 두 건의 닭을 잡은 사건에서 똑같이 염불을 만나 똑같이 부처님의 영접을 받았고 효과도 완전히 똑같았다. 따라서 우연이 아

식탁 위에 육류가 올라온 경우를 만났을 때
혹 입으로 칭념을 하거나 아니면
마음속으로 묵묵히 아미타불을 불러서
그 공덕을 도살 당하여 불에 구워지고 삶겨진
중생들에게 준다면, 그들의 고통과
분노하고 원망하는 마음을 줄일 수 있고,
나아가 극락정토에 왕생하도록 천도시킬 수도 있다.
-정종법사

니라 반드시 필연적인 요소가 있었음을 알 수 있다.

이 기이한 왕생사례는 기록자 개인이 당일 직접 들은 것이고, 게다가 어린이들이 단순하고 질박하여 거짓말로 속일 이유가 없으므로 당연히 믿을 만하다. 현재의 사례로써 옛날의 사례를 검증해보면 옛날의 기록이 거짓이 아님을 알 수 있고, 옛날의 사례로써 현재의 사례를 검증해보면 현재 사건이 그릇되지 않음을 알 수 있다. 비록 고금의 시간이 다르고 지역이 다르다고 하나 아미타불의 구제에는 영원히 변함이 없고 불법의 진리는 시공을 초월한다.

이 사례는 우리에게 많은 깨달음을 줄 뿐만 아니라 경문과 조석(祖釋: 조사의 해석)에 유력한 사실적 증거가 된다.

첫째, **아미타불의 구제의 수승함과 용이함·불가사의함을 증명하기에 충분하다!** 어리석고 둔한 축생들이 불법에 대해 아무런 견문과 수행 없이 겨우 임종 시 도살을 당할 때 자신을 위해 염불을 해주는 사람을 만나서 아미타불의 접인을 받아 서방극락세계에 왕생하였으니, 누구라도 염불만 하면 모두 왕생할 수 있다.

둘째, 축생류의 중생들은 본래 업장이 두터워서 해탈하기 어렵다. 그러나 매일 수많은 축생들이 도살을 당하는 가운데 오직 이 한두 마리만 자신을 위해 염불을 해주는 사람을 만났다는 것은 과거 생에 선근이 있어서 오늘의 인연이 성숙함이 나타난 것임을 알 수 있다. 마치 『왕생론』에서 "**부처님의 본원력을 만나면 헛되이 지나치는 자가 없다.**"고 설하신 바와 같다.

또한 축생류의 중생들은 사람들처럼 강한 분별심이

없기 때문에 도살을 당할 때 누군가 그들을 위해 염불을 해줌으로 인해 아미타불께서 바로 몸을 나투실 때에, 도리어 쉽게 저 부처님 명호의 원력과 광명의 섭취에 수순하여 곧바로 부처님을 따라서 왕생할 수 있다. 마치 경에서 "도의 자연스러움"이라 설하시고, 또 "자연히 이끌린다."고 설한 바와 같다.

또 설하시길, "반드시 윤회의 고리를 끊고 안양국에 왕생하여 단숨에 오악취를 끊게 되리니, 악도는 저절로 폐쇄된다."고 하셨다. 이는 당연히 **축생들에게 어떤 수행력이 있어서가 아니라 완전히 아미타불의 대원업력의 도에 수순하여 저절로 이끌린 결과이다.**

『무량수경』에서 다음과 같이 설하고 있다.

"무량수불의 위신력과 광명은 가장 높고 뛰어나서 모든 부처님의 광명이 능히 미치지 못한다. 만약 삼악도의 괴로움에서 이 광명을 보게 된다면 모두 휴식을 얻으며, 다시는 괴로움을 겪지 않고 목숨이 다한 뒤에 모두 해탈을 얻게 된다."

그리고 『장엄경』에서도 다음과 같이 설하였다.

"삼악도 가운데 지옥·아귀·축생들이 모두 나의 나라

에 태어나 나의 법화法化를 받고 머지않아 모두 성불하게 된다."

셋째, 인도人道의 중생들이 사유력과 조작력으로 인해 만약 선법에 수순하여 나아간다면 쉽게 승천할 수 있고, 만약 삿된 사유로 나아가 온갖 악업을 짓는다면 곧바로 타락하게 될 것이다. 그러나 선법에 수순하여 나아가는 자는 적고 삿된 생각으로 악업을 짓는 자는 많기 때문에 경전에서 **사람 몸을 받은 이는 손톱에 낀 먼지의 수와 같고 사람 몸을 잃은 이는 대지의 흙의 수와 같다**고 설하신 것이다.

그리고 비록 불법을 닦더라도 만약 자신의 분별심에 대한 집착이 강하여 아미타불의 불가사의한 구제에 수순하지 못하고서 반드시 어떻게 어떻게 해야만 왕생할 수 있다고 생각한다면 이처럼 가장 수승한 법문에 도리어 장애가 될 것이다. **지금 현재도 어떤 사람은 수많은 경론들을 읽었지만 아미타불의 구제 법문을 믿지 못하기 때문에 임종할 때 엉망진창으로 도리어 저 축생류의 중생들이 장엄하게 왕생하는 것만 못하니 참으로 불쌍한 사람들이다.**

경에서 설하시길, "**교만하고 악하고 게으른 사람은 이 법문 만나도 믿기 어렵다.**"고 하였고, 또 "**가기 쉬운 극락에 가는 사람이 없다!**"고 한탄하셨으니, 바로 이런 현상을 두고 하는 말이다. 따라서 얻기 힘든 사람 몸을 얻었으면 마땅히 선법에 수순하여 나아가야 하고 특히 아미타불의 불가사의한 구제에 수순해야 한다.

넷째, 삼악도의 중생들이 평소에 아무런 수행 없이 극락왕생을 한 경우가 있고, 인도人道의 중생들이 부지런히 온갖 수행을 했음에도 불구하고 왕생하기 어려운 경우도 있다. 그 원인은 어디에 있는가? 오직 부처님의 원력에 수순하고 수순하지 않고에 달려 있다. 따라서 **비록 왕생을 원하나 저 부처님의 서원을 믿지 못하고서 반드시 어떻게 어떻게 해야만 비로소 왕생할 수 있을 거라고 여기는 강한 분별심이야말로 왕생을 장애하는 원흉이다.** 만약 이러한 생각만 없다면 모든 사람이 염불할 수 있고 염불하면 모두 왕생할 수 있다.

다섯째, 아미타불의 명호와 아미타불의 본신이 일체

인 까닭에 담란대사께서 **'명호가 곧 법이다名卽法'**고 **설하고 '명호와 본체가 둘이 아니다名體不二'**고 설하신 것이며, 칭명을 할 때 부처님께서 바로 몸을 나투시기 때문에 선도대사께서 **'소리에 응하여 바로 오셔서 몸을 나투신다.'**고 설한 것이다.

또한 명호와 광명이 일체인 까닭에 칭명하는 사람은 필히 부처님 광명의 섭취를 받기 때문에 선도대사께서 『아미타불』과 『관경』에 의거하여 해석하시길, **"저 부처님의 광명이 무량하여 시방국토를 비추는데 장애가 없어서 오직 염불하는 중생을 살피시어 섭취하여 버리지 않기 때문에 아미타라 부르는 것이다."**고 하신 것이다. 따라서 어떤 사람이라도 칭명염불만 하면 부처님께서 바로 몸을 나투시고 부처님의 광명으로 바로 섭취하신다.

예컨대 이 사례에서 닭이 비록 염불할 줄 모르지만 누군가 염불을 해준 덕택에 아미타불께서 즉각 몸을 나투신 것이다. **부처님께서 몸이 나툰 이상, 부처님의 광명이** 바로 비치어 업장을 소멸시키고 안락함을 **주게 되니, 비록 삼악도의 중생일지라도 이 광명을**

보면 모든 고통이 전부 쉬게 되고 한 생각만 되돌리면 바로 안락국에 왕생할 수 있는 것이다. 이는 아미타불의 명호 속에 본래 갖춰진 자연스런 기능이다.

여섯째, 따라서 **사람들을 위해 조념을 해주거나 서방에 왕생할 수 있도록 천도를 해주고자 한다면 모든 불사佛事 가운에 염불만한 게 없음을 알 수 있다.** 왜냐하면 다른 경전과 진언을 외우거나 관상을 하려면, 만약 수행을 오래하여 심력이 집중되고 마음이 흐트러지지 않는 자가 아니면 그 효과는 크게 뒤떨어질 것이며 심지어 부작용도 생길 수 있지만 **염불은 단지 입만 열면 부처님께서 바로 몸을 나투시고 부처님의 광명이 바로 비치게 되기 때문이다.**

예컨대 본 사례에서 닭을 위해 염불한 사람은 단지 불교를 갓 배우기 시작한 사람이고, 또 불법에 대해 전혀 모르고 있는 어린애가 단지 입에서 나오는 데로 산란한 마음으로 칭념한 것에 불과하며, 게다가 마음속으로 묵묵히 염불하였음에도 불구하고 아미타불께서 똑같이 영접하러 오신 것이다.

따라서 반드시 큰 스님이거나 아니면 수행을 오래 하여 공부가 아주 깊은 사람을 요구하지 않음이니, 아미타불의 '명호와 본체가 둘이 아니고'·'광명과 명호가 둘이 아니기' 때문이다.

일곱째, 이로써 왜 **위험하고 위급한 곳·어둡고 두려운 곳에 있을 때 염불만 하면 바로 재난을 소멸하고 두려움을 없앨 수 있는지를 알 수 있다.** 왜냐하면 염불하면 바로 부처님께서 몸을 나투시어 보호해주시고, 부처님께서 바로 광명을 놓아 섭취를 해주시기 때문이다.

여덟째, 무릇 도살장·병원·화장터·묘지·사고다발지역 등의 음침하고 청정치 못한 장소에는 흔히 업장과 나쁜 기운들이 많아 사람들로 하여금 불길한 예감이 들고 두려운 느낌이 생기게 한다. 이때에 만약 염불할 수 있다면 비단 자신이 부처님께서 몸을 나투시어 부처님의 광명으로 머리를 감싸주시는 보호를 받아 털끝 하나 다치지 않을 뿐만 아니라 동시에 인연 있는 중생들을 이익케 하여 그들이 고통에서 벗어나도록 제도하여 감사하는 마음이 생기게 할 수 있다.

우리가 알아야 할 것은, 그런 장소에 있는 중생들은 왕왕 몹시 원망하고 몹시 괴로워하기 때문에, 만약에 어떤 사람이 그런 환경 속에 들어가 염불을 하지 않는다면 마치 한 사람이 아무런 방호조치 없이 총탄이 빗발치는 거리를 걷다가 쉽게 총알에 맞게 되는 것처럼 나쁜 기운에 휩싸이게 된다. 따라서 이런 상황에서는 더욱이 염불해야만 큰 재난을 피할 수 있고 큰 복을 쌓을 수 있으며 큰 공덕과 큰 이익이 생기게 된다.

아홉째, 식탁 위에 육류가 올라온 경우를 만났을 때 혹 입으로 칭념을 하거나 아니면 마음속으로 묵묵히 아미타불을 불러서 그 공덕을 도살당하여 불에 구워지고 삶겨진 중생들에게 준다면, 그들의 고통과 분노하고 원망하는 마음을 줄일 수 있고, 나아가 극락정토에 왕생하도록 천도시킬 수도 있다.

그러므로 채식을 하는 게 가장 바람직하나 어떤 상황에서 완전한 채식을 할 수 없을 경우에는 반드시 참회하는 마음과 자비로운 마음으로 도살당한 중생들을 위해 마음속으로 부처님의 명호를 불러줘야 한다. 만약 아무런 거리낌도 없이 한편으로 진탕 먹고 마시면서 한편으로 맛이 좋니 안 좋니 하며 평점을 매긴다면, 그렇다면 도살되어 불에 구워지고 삶겨진 중생들이 틀림없이 몹시 고통스럽고 또 그들의 분노와 원망을 진정시키기 어려울 것이므로 육식을 한 모든 사람들은 불가피하게 깊고 무거운 업보를 받아야 할 것이다.

열 번째, 아무튼 어떠한 경우라도 모두 염불해야 한다는 것을 기억하며 주저하지 말아야 한다. 흔히 사람들이 염불을 꺼리는 장소가 바로 죄업을 짓고 불길하고 부정한 장소이며, 또한 부처님의 도움을 얻기 위해 가장 염불이 필요한 장소이기 때문에, 이때에 도리어 염불을 포기한다는 것은 아주 잘못된 것이다.

염불은 평소부터 그 습관을 들여야 한다. **정토왕생을 발원하는 사람은 스스로 조건과 한계를 정하여 반드시 어떻게 어떻게 해야만 왕생할 수 있을 거라고 여기지 말고, 마땅히 아무런 조건 없이 아미타불의 불가사의한 구제에 수순해야 한다.**

4. 적석도인赤石道人의 7종 방생

적석도인(赤石道人)은 다음의 일곱 가지 경우에는 꼭 방생을 하라고 권하고 있다.

첫째, 자식이 없는 사람은 반드시 방생하라(求子孫者放生). 세상 사람이 자식을 얻고자 약 먹기에 힘을 쓰나 한 평생을 먹더라도 효험을 보지 못하는 자를 흔히 볼 수 있다. 그러므로 "병이 있거든 약을 먹고, 자식이 없거든 방생하라"고 권한다. 천지의 큰 덕은 태어남이다. 진실로 남의 생명을 살려주면 곧 나를 살려주는 것이다. 방생을 하면 원하는 자식을 얻을 수 있다.

둘째, 자식을 잉태하면 반드시 방생하여 산모를 보전하라(孕胎者放生). 잉태하여 자식을 보는 것은 사람과 만물이 다르지 않다. 사람과 짐승도 모두 태어난 것이다. 그러므로 짐승의 새끼 뱀을 내가 구해주는데, 내가 자식을 잉태하였음을 아시면 하늘이 어찌 보호하지 않겠는가.

셋째, 기도함에 반드시 방생하여 복을 많이 지어라(所願者放生). 태어남을 좋아하는 덕[好生之德]은 제신(諸神)과 부처님이 동일하다. 이러한 제신과 부처님의 호생지덕을 생각하여 죽임을 당할 처지에 놓인 생물들을 살려주어라. 만일 자신의 능력으로 어찌할 수 없을 때는 염불이라도 해주면 자연히 하늘이 감동하여 복을 얻음이 한량 없을 것이다.

넷째, 미리 닦고자 하거든 방생부터 먼저 하라(豫修者放生). 세간의 자선(慈善)은 방생 보다 더 좋은 것이 없다. 내가 자비의 마음으로 방생하면 반드시 불보살님의 가피의 덕을 입을 것이다.

다섯째, 재계(齋戒)를 가짐에 반드시 방생하라(齋戒者放生). 모든 부처님과 보살들이 계율 지키는 것을 좋아하심은 만물의 자비심 두기를 바라기 때문이다. 일체 중생이 부처님의 아들 아님이 없다. 진실로 재계를 가지는 날에 방생하면 제불보살이 환희심을 낸다.

여섯째, 복록(福綠)을 구함에 먼저 방생하여 복을 쌓아라(求祿者放生). 부귀명복(富貴冥福)은 요행으로 되지 않는다. 오직 복을 짓는 자 반드시 명복(冥福)을 얻는다. 사람이 어진 마음으로 생물을 어여삐 여겨 그 목숨을 구제해 주면 나의 구제를 입은 자가 기회를 보아 보답할 것은 당연한 이치다.

일곱째, 염불함에 반드시 방생부터 하라(念佛信仰者放生). 세상에 살면서 염불하는 사람은 자비심으로써 방생을 주로 하라. 생물을 구제함이 사람을 구제함보다 낫다고 할 수는 없다. 그러나 사람이 생물에게 극형(極刑)을 범하는 것은 대부분 장난삼아 하지만 동물들은 무슨 죄로 참혹한 환난을 만나야 하는가. 그러므로 누구든지 연지(蓮池) 대사와 영명연수(永明延壽) 선사의 방생으로써 급선무를 삼아야 할 것이다.

5. 방생한 공덕으로 윤회를 벗어나 극락에 왕생하라

공을 베풀면 과보가 있는 것이며, 온갖 일이 모두 증거가 있으니 옛글에도 쓰여 있고, 지금에도 볼 수 있는 것이다.

방생한 사람들이 혹 복록이 생기고, 목숨이 장수하며, 혹은 재난을 면하거나 병이 쾌차하고, 천상에 태어나거나 도를 증득하여 공을 베푼 대로 과보를 받은 것이 증거가 분명하다.

선한 일을 지으면 상서가 오는 것이니, 수도하는 사람이 어찌 은혜 갚기를 바랄 리가 있으랴! 과보를 바라지 아니하여도 과보가 저절로 오는 것은 인과가 분명한 것이므로, 받지 아니하려 하여도 할 수 없는 일이니 방생하는 이는 이런 줄을 알아라.

증거가 분명하다는 것은, 위에 말한 것들이 오래 된 것은 책에 쓰여 있으니 증거가 분명하고, 요새 것은 여러 사람이 보고 들은 것이니 사실이 확실하여 조금도 허망하지 않다.

여러 사람에게 바라노니, 불쌍한 생명을 보거든 자비한 마음을 내고, 견고하지 못한 재물을 버려서 좋은 일을 많이 행하라.

여기서부터는 세상 사람들에게 권하여 죽게 되는 생명을 보는 대로 자비한 마음을 내고, 그리하여 재물을 아끼지 말아서 좋은 방편을 행하게 하는 것이다.

재물이 견고하지 못하다 함은, 홍수가 나면 떠내려가고, 불이 붙으면 타고, 관리가 달라고 할 수도 있고, 도둑이 빼앗기도 하여, 늘 있는 것이 아니므로 견고하지 않다는 것이며, 재물을 버려 복을 지으면 견고하지 못한 재물을 견고한 재물로 바꾸는 것이다. 만일 재물이 없거든 자비한 마음만 내더라도 복덕이 되는 것이며, 다른 사람을 권하여 방생케 하거나 방생하는 것을 보고 칭찬하고 따라서 좋아하여 착한 생각을 늘게 함도 큰 복덕이 되는 것이다.

만일 여러 생명을 살리면 큰 음덕을 쌓는 것이요, 한 마리 중생만 살려 주더라도 좋은 일이다. 형편이 넉넉하면 많은 생명을 살리는 일이 참으로 큰 음덕이 될 것이요, 할 수 없으면 한 중생만 구하여 주어도 선한 일이니, '보잘것없는 선이 무슨 공덕이 있으랴' 하여 소홀히 여기지 말아야 할 것이다.

세상 사람들이 이런 이치를 몰라서 새우같이 값싸고 수효가 많은 것만을 가리어 사서 방생하려 하고, 한 개의 큰 짐승은 만나고도 본체만체 하니, 이것은 자기의 복이 많기만 탐하고 중생의 고통을 모른 체하는 일이다.

그러고야 어떻게 많은 복을 지으랴!

기억할 일이다. 가슴에라도 새겨 두고…

진실로 이렇게 하기를 날마다 하여 세월이 흐르면, 자연 선행이 넓어지고 복덕이 두터워져서, 자비는 세상에 가득하고 이름은 천상에까지 사무치리라.

작은 선이나 큰 선이나 오래오래 행함이 귀한 것이니, 날마다 행하고, 달마다 행하여 선한 일이 많으면 행이 넓어지고, 행이 넓으면 복덕이 두터워지느니라.

자비한 공이 오래 쌓이면 덕이 세상에 가득할 것이요, 사람들의 마음에 흡족하면 하늘도 기뻐하리라.

혹은 말하기를, "저렇게 높이 있는 하늘이 어떻게 인간의 일을 샅샅이 알랴" 하지마는, 천왕은 여섯 재일(齋日)마다 인간계로 돌아다니면서 조그마한 선도 반드시 알고, 털끝만한 악이라도 꼭 살핀다고 한다.

또 인간이 십선(十善)을 행하면 하늘이 이기고, 인간이 십악을 행하면 아수라가 이기게 되므로, 제석천왕은 언제나 사람들이 선한 일 하기만을 바라는 것이다.

한 사람이 선한 일을 지어도 날아다니는 천신이 상제에게 보고한다는 말은, 경(經)에 분명히 쓰여 있는 일이니 억설이 아니리라.

방생하면 원통한 업을 말끔히 씻어주는 것이므로 많은 복을 금생에서 받게 되고, 선근을 북돋으면 좋은 경사가 이 다음 세상에까지 미치리라.

놓아주어 죽지 않게 되면 저절로 원수가 없을 것이니, 금생에만 복락을 받을 것이 아니라, 이 선근으로 이다음 세상에까지 오래 살고 복을 받아 마침내는 성불하여 모든 중생이 귀의할 것이니, 이런 것이 좋은 경사이다. 다시 부처님의 명호(나무아미타불)를 부르고 경문을 읽어 주어, 그들로 하여금 극락세계로 회향하여 영원히 나쁜 길에서 벗어나게 한다면, 내는 신심이 더욱 크고, 심는 공덕이 한량 없이 깊으리라.

죽을 생명을 놓아주는 것이 선근 공덕이기는 하

나, 다만 육신을 제도하는 것뿐이고, 혜명(慧命: 지혜의 목숨)**을 도와주는 것은 아니다.**

다시 아미타불의 거룩한 명호를 부르고, 대승경전의 훌륭한 법문을 읽어야 할 것이다.

그러나 생명 있는 것을 사서는 이내 놓아 주어야 하며, 경문을 읽기가 불편하거든 염불만 하여서 혜명을 도울 것이다.

만일 오늘 산 것을 내일 방생하거나 새벽에 산 것을 오후에까지 그냥 두고서, 도량을 차리고 사람들을 모으느라고 시간을 늦추면 죽는 것이 많을 것이니, 그렇게 방생하는 것은 순수할 수 없는 빈 이름뿐이니라.

염불한 공덕으로 모든 생명들이 이생을 마치고는 서방 극락세계에 가서 연꽃 위에 화생하여, 물러가지 않을 자리에 이르러 나쁜 갈래를 떠나 영원히 고통에서 벗어나게 할 것이다. 고통 받는 중생을 놓아주는 것은 선한 마음이지마는, **극락세계에 왕생케 하는 일은 보리심이므로 더욱 크다는 것이**

다.

방생하여 얻는 복은 세간의 복이지마는, 나쁜 갈래를 벗어나게 하는 것은 출세간의 복덕이므로 한량없이 깊다는 것이다. 도업은 이것으로 말미암아 빨리 성취되고, 연화대에는 이 공덕으로써 상품에 나게 되리라. 선심이 크고, 공덕이 깊은 것은 증험할 수 있다.

남을 이롭게 하는 일이 보살의 수행이니, 이 수행으로 도업을 닦으면 마치 순풍을 만난 배와 같아서 열반의 저 언덕에 빨리 이를 것이다.

정토에 왕생하는 세 가지 복 가운데 자비한 마음으로 살생하지 않는 것이 그 하나이니, 이제는 살생하지 않을 뿐 아니라 방생까지 하였고, 방생하면서 경법으로 제도하여 정토에 태어나게 하였으니, 이러한 마음으로 이타행(利他行)을 하면 과보가 원만할 적에 구품연대에 태어날 것은 의심할 여지도 없다. 여러 사람들이여, 덕이 박하고 미천한 사람의 말이라도 믿어주면 다행이겠노라.

근래에 세상 사람들이 재난을 당하는데,
살생의 업이 무거워서 모두 이런 과보를 만나는 것입니다.
저는 늘 세상 사람들에게 살생을 금하고 방생할 것을 권합니다.
채식을 하면서 염불(나무아미타불)을 하라는 이유는
여러분이 인과因果 윤회의 과보를 만나지 않기 위함입니다.
여러분은 이 가르침을 마땅히 믿고 행하여
선인善因을 심고 성불하시기 바랍니다.
- 허운 선사

제2부. 살생의 과보

그럼 살생을 저지르면 어떠한 과보를 받게 되는가?

당연히 그 과보는 죽음 또는 죽음과 버금가는 고통으로 이어진다. 먼저 가까운 시절에 있었던 한 편의 실화부터 살펴보도록 하자.

억울하게 죽은 부관이 외동아들로 태어나 죽다

1971년 여름, 당시의 2군 사령관 집안에는 매우 불행한 사건이 불어닥쳤다. 서울대학교에 재학 중이던 사령관의 외아들이 친구들과 함께 감포 앞바다로 해수욕을 가서 다이빙을 하다가, 물속의 뾰족한 바위 끝에 명치가 찔려 죽은 것이었다.

평소에 그지없이 말 잘 듣고 착했던 외아들이 너무나 허무하게 죽어버리자, 사령관은 먹지도 자지도 않고 방안에만 들어앉아 슬픈 나날을 삭이고 있었다.

이윽고 팔공산 동화사에서 아들의 49재(齋)를 지

내던 날, 스님들의 독경과 염불을 들으며 아들의 명복을 빌던 사령관은 갑자기 자리를 박차고 일어나 위패를 모신 영단(靈壇)을 향해 벽력같이 소리를 내질렀다.

"이놈의 새끼! 모가지를 비틀어 죽여도 시원찮은 놈! 이놈~!"

감히 보통 사람으로는 입에도 담지 못할 욕설을 있는대로 퍼붓고는 재(齋)가 끝나지도 않았는데 법당을 뛰쳐 나가 버렸다. 독경하던 스님과 재에 참석했던 사람들은 영문을 알 수 없는 돌발적인 소동에 어리둥절해 할 뿐이었다.

그날 밤 1시경, 2군 사령부 헌병대장이 나를 데리러 왔고, 나와 마주 앉은 사령관은 자신의 과거 이야기 한 편을 들려주었다.

"6.25 사변 당시 저는 30여단장을 역임하고 있었습니다. 늘 자신감에 넘쳐 흘렀던 저는 백두산 꼭대기에 제일 먼저 태극기를 꽂기 위해 선두에 서서 부대원들을 지휘하며 북진에 북진을 거듭하고 있었습니다.

그런데 갑자기 이승만 대통령으로부터 전문(電文)이 날아왔습니다. '지휘관 회의가 있으니 급히 경무대로 오라'는 것이었습니다. 저는 황급히 경무대를 향해 출발하면서, 평소 아끼고 신임하던 부관에게 거듭거듭 당부하였습니다.

'지금 들리는 바 소문에 의하면 중공군 수십만 명이 내려오고 있다고 한다. 한시도 경계를 게을리해서는 안된다. 만일 내가 시간 내에 돌아오지 못하면 부관이 나 대신 백두산 꼭대기에 태극기를 꽂아라.'

그런데 '가는 날이 바로 장날'이라더니, 그날 저녁 중공군 30만 명이 몰려와서 산을 둘러싸고 숨 쉴 틈 없이 박격포를 쏘아대는 바람에 우리 부대원들은 거의 대부분이 몰살당하였습니다. 뒤늦게 급보를 받고 달려가 보니 눈뜨고는 볼 수 없는 처참한 광경이었습니다. 저는 급히 부관을 찾았습니다.

"부관은 어디에 있는가?"

얼마동안 찾다가 '어찌 그 와중에 부관인들 무사할 수 있었을까'하는 생각에 한 가닥 희망조차 포기한 채 허탈한 마음으로 사무실에 앉아 있었습니다. 그때 당연히 죽었을 것으로 여겼던 부관이 쫓아 들어왔습니다.

"살아 있었구나. 어떻게 너는 살아남을 수 있었느냐?"

"죄송합니다. 실은 이웃 온천에 있었습니다."

"온천? 누구와?"

"기생들과 함께…."

"너같은 놈은 군사재판에 회부할 감도 되지 못한다. 내 손에 죽어라."

어찌나 부아가 치미는지 그 자리에서 권총 세 발을 쏘았고, 부관은 피를 쏟으며 나의 책상 앞에 꼬꾸라졌습니다.

그것이 바로 21년 전의 일인데, 어찌된 영문인지 오늘 낮 아들의 위패를 놓은 시식상(施食床) 앞에 그 부관이 나타난 것입니다. 그 모습이 너무도 생생하였으므로 엉겁결에 일어나 고함을 치고 욕설을 퍼부었습니다.

그런데 집에 돌아와 곰곰이 생각해보니, 바로 그 날 죽은 부관이 이번에 죽은 아들로 태어난 것이 틀림없음을 깨달았습니다. 부관이 죽은 날과 아들이 태어난 날짜를 따져보아도 정확하게 일치하는 것으로 보아서도 틀림이 없습니다. 그래, 야밤임에도 불구하고 스님을 모셔오게 한 것입니다."

당시의 2군 사령관이었던 육군 중장 박은용 장군은 이렇게 이야기를 매듭지었다. **부관은 자기의 가슴에 구멍을 내어 죽인 상관의 가장 사랑하는 외동아들로 태어났고, 가슴을 다쳐 죽음으로서 아버지의 가슴에 구멍을 낸 것이다.**

이처럼 당연히 죽여야 할 자를 죽인 경우에도 살생의 과보는 최소한 가슴의 큰 못이 되어 돌아오게끔 되어 있다. 단명(短命)한 사람, 병이 많은 사람 또한 전생의 살생한 업을 지금 받는 것이니, 불자들은 모름지기 남의 속을 썩이거나 겉을 상해하지 말아야 한다.

모든 현상에는 결코 우연이 없다. 반드시 그렇게 될 원인이 있기 때문에 결과로서의 여러 가지 현상이 있게 되는 것이다. 하물며 생사문제와 같은 중대한 일이야 말할 것이 있겠는가? 인과응보와 생사윤회를 믿는 불자는 이 살생계만은 반드시 지켜야 한다. 뿐만 아니라 참된 자비심을 일으켜서 일체 중생을 평등하게 아끼고 사랑하는 불자가 되고자 노력하지 않으면 안된다.

| 염불경
고통스러운 윤회에서 벗어나고자 한다면 염불만한 것이 없다
대저 인덕仁德을 온전히 갖추고자 한다면 방생만한 것이 없고
夫欲全仁德 莫若放生 欲出苦輪 無如念佛

집을 태우고 아버지와 아들이 몸을 망치다

중국 명나라 신종 만력 15년에 휘주 땅에 정 씨 형제가 살고 있었는데, 소의 외양간을 지어놓고 살찐 놈을 가려서 매일 도살하였다.

그 아우가 늘 외양간에 가서 보면 소 한 마리가 무릎을 꿇고 눈물을 흘리곤 했다.

아우는 불쌍히 여겨 생업을 다른 직업으로 바꾸고 형에게 말하기를, '저 소가 나를 보면 무릎을 꿇고 눈물을 흘리니, 논밭 가는 소로 파는 것이 좋겠다'고 하였다.

형은 그 말을 믿지 않고 자기가 시험하여 보겠노라고 하면서 이튿날 외양간에 가서 보니, 과연 그 소가 무릎을 꿇고 눈물을 흘리고 있었다.

형은 그것이 미워서 곧 도살하여 삶았더니 그릇 속에서 큰 소리가 나며 쇠고기가 불덩이로 변하여 튀어 나와서 집을 모두 태워버렸다. 그래도 형은 생업을 고치지 않았다.

하루는 밖에 나갔다가 쇠고기 팔러 다니는 사람을 만나서 시비 끝에 그 사람을 때려서 죽인 탓으로 법에 얽히어 처형되었다. 그 아들은 가슴에 독한 병이 생겨서 오장이 꿰뚫어 보이고 고통이 막심하므로 사람을 만나는 대로 하소연하기를, 아버지가 소를 죽인 탓으로 그 화가 내게까지 미쳤다고 하더니 반 년 만에 죽고 그 아우는 무사히 살았다.

- 《방생살생현보록(放生殺生現報錄)》에서

관 속에서 돼지로 변하다

명나라 무종의 정덕 때에 남경에 사는 어떤 부자가 쇠고기를 즐기어서 한 번에 여러 근씩 먹고 또 돼지를 서너 마리씩 잡아서 손님을 대접하곤 하였다.

하루는 꿈에 서낭신이 와서 말하기를 "너는 살생을 많이 하였으니 너를 변신시켜 돼지로 만들겠다"고 하였다.

그 사람은 믿지 않고 냉소하면서 "서낭이 무슨 말라 비틀어진 것이냐? 돼지를 죽이는 것이 무슨 죄가 되느냐!" 큰소리를 치더니 반년쯤 뒤에 갑자기 죽게 되었다.

관에 염하였더니 관 속에서 무슨 소리가 나므로 열고 보니 송장이 놀랍게도 돼지로 변해 있었다. 이것은 중국에 있던 일이지마는 우리나라에도 이런 일이 가끔 있었다.

꿈에 명부에 쌓인 잡아먹은 닭의 뼈를 보다

청나라 때 사천 사람으로 양림이라는 사람이 있었는데, 그의 자는 회미이다.

순치 13년에 절강성의 임안 현령이 되어 현령 노릇은 잘 하였으나 닭고기를 즐겨서 많이 잡아먹었다. 강희 16년 어느 날 꿈에 명부(冥府)에 가서 뼈가 산처럼 쌓인 것을 보았다. 곁의 사람이 말하기를, "이것은 네가 먹은 닭의 뼈이다. 너는 이다음에 여기에 들어와서 죄보를 받을 것이지만 아직 죄업이 좀 남았으니 닭 마흔 일곱 마리를 더 먹고야 들어오게 되리라"고 하였다.

양림이 깨고 나니 의심스럽기도 하고, 두렵기도 하여 닭 한 마리를 사흘에 먹기로 하였으나, 양에 차지 아니하여 한 마리를 이틀씩 먹었고, 뒤에는 전과 같이 먹어서 마흔 일곱 마리를 먹었더니 문득 병이 나서 하룻밤을 지나고 죽었는데, 잡아먹은 닭의 수효가 명부에서 들은 말과 같았다.

마흔 일곱 마리는 양림이 죽을 때까지 더 먹을

수효를 명부에서 미리 알고 말한 것이고, 잡아 먹혀야 할 닭이 더 있다는 것은 아니다.

그러므로 꿈을 깬 후에 다시 닭은 먹지 않고, 닭 먹은 죄업을 성심으로 참회하였더라면 혹시나 죄가 경감되고 목숨이 길어졌을지도 모른다.

(安士書)

끓는 물에 데어 죽다

중국 한구의 어떤 백정이 개를 끌고 가다가 도중에 홍계라는 스님을 만나, 스님이 개를 살려 주기를 권하였으나 백정은 듣지 않았다.

홍계는, "그대와 개가 전생의 업이 맺힌 것이 있어서 내가 구할 수 없노라" 하고, 백정에게 세 번 합장하고 가 버렸다.

이날 밤에 개를 죽여 삶으려다가 끓는 물에 가슴을 데어서 이레 만에 죽었다.

한구 사람들이 감동하여 돈을 거두어서 홍계 스님을 위하여 방생암(放生庵)을 지었다고 한다.

뱀을 태우고 종족이 몰살되다

중국 명나라 때에 방효유의 아버지가 장례를 지내려 하는데, 꿈에 붉은 옷 입은 노인이 와서 절하고 하는 말이, "그대가 잡은 산소 자리는 내가 사는 곳이니 삼일만 기다려 주면 그 동안에 나의 권속을 다른 데로 옮길 것이고, 또 은혜를 후하게 갚겠다"고 여러 번 간청하였다.

방의 아버지가 꿈을 깬 뒤에 그 땅을 파 보니 붉은 뱀 수백 마리가 있는 것을 보고 모두 태워 버렸다.

그날 밤 꿈에 그 노인이 와서 울면서 말하기를, "내가 그렇게도 애원하였는데 어째서 내 팔백 권속을 모두 태워 죽였는가? 네가 나의 종족을 멸하였으니, 나도 너의 종족을 멸하겠노라" 하였다.

그 뒤에 효유를 낳았는데, 혀가 뱀과 같았고, 벼슬이 한림학사가 되었다. 그러다가 정조 황제의 노여움을 사서 10족이 멸하게 되었는데, 그 죽은 종족의 수효가 뱀의 수효와 같았다고 한다.

사슴을 쏘려다가 아들이 맞다

중국의 여릉 땅에 사는 오당(吳唐)이 하루는 아들을 데리고 사냥을 나갔다. 한 사슴이 그 새끼와 함께 노는 것을 보고 새끼를 쏘아 죽이니, 어미 사슴은 놀라서 슬피 울었다.

풀 속에 숨어서 지켜보니 사슴이 혀로 새끼를 핥고 있었다. 오당이 또 어미 사슴을 쏘아 죽이고, 조금 있다가 또 다른 사슴을 만나서 쏘려고 하는데, 그 살이 빗나가 자기 아들을 맞혔다.

오당이 어찌할 바를 몰라 활을 던지고 아들을 안고 통곡하는데, 공중에서 문득 소리가 나기를, "오당아, 사슴이 새끼를 사랑하는 것이 너와 무엇이 다르랴?"고 했다. 오당이 놀라서 쳐다보고 있는데, 별안간에 호랑이가 와서 팔을 꺾어 죽였다.

게산에서 고통을 받다

중국 호주의 의원 사조교(沙助敎)의 어머니가 게를 즐겨서 게를 수없이 먹었는데, 남송의 고종 임금 소흥 17년에 염병으로 죽었다.

어느 날 그의 손자가 내다보니, 죽은 할머니가 문밖에 서서 온 몸에 피를 흘리면서 말하기를, "내가 평생에 게를 많이 죽인 탓으로 지금 게산에서 과보를 받고 있으니, 너의 아비에게 급히 말하여 나를 천도하게 하라" 하고 말을 마치고는 홀연히 사라졌다.

게를 저리는 집에서는 산 게의 딱지를 떼고 고추와 소금을 넣으니, 그 고통이 참을 수 없을 것이다. 게가 가로 다니는 것을 보면 전생에 반드시 잘못된 길에 들어가서 보리(菩提)에 합하지 않았던 줄을 알겠고, 또 줄로 등을 맨 것은 애욕에 얽히어서 벗어나지 못한 것인지도….

달걀에도 알음알이가 있는 증거

중국 진(晋) 나라 때에 사문 지둔(支遁)이 그의 스님과 함께 중생에 대하여 변론하다가, 달걀은 살생하여도 다른 동물과 같이 죄가 될 것은 아니라고 하였다.

그 스승이 죽은 뒤에 홀연히 손에 달걀을 쥐고 지둔의 앞에 나타나 땅에 던지니, 달걀이 터지면서 병아리가 나와서 돌아다녔다.

지둔이 전에 말을 잘못한 것을 깨닫고 뉘우치니, 스승과 병아리가 간 데 없었다.

- 《육도집절요(六道集節要)》

달걀 먹는 나쁜 과보

중국의 주나라 무제는 달걀을 즐겨 먹었다.

그때에 발호라는 사람이 수라 감독이 되었고, 그 뒤에 수나라 문제 때까지 수라 감독으로 있었는데, 개황 8년에 별안간 죽었다.

그러나 가슴에 따뜻한 기운이 있으므로 곧 소렴을 하지 않고 그대로 두었다.

사흘 후에 살아나서 말하기를, "임금을 뵈옵고 무제의 전갈을 드리려 한다"고 말했다.

문제가 발호를 불러 물으니, 발호는 이렇게 말했다. "제가 명부에 들어갔다가 무제 계신 곳에 갔었습니다. 염라왕이, '네가 무제의 수라 감독이 되었을 때 무제가 달걀을 먹더냐?' 하기에, '신은 그 수효를 알 수 없습니다' 하니, 염라왕의 말이, '이 사람이 그 수효를 모르니 이제 그 수효를 보여 줄 수밖에 없구나' 하였습니다.

무제께서는 매우 좋아하지 않는 내색인데, 별안간

뜰 아래 무쇠 평상과 옥졸 수십 명이 있고, 무제는 벌써 무쇠 평상 위에 뉘어 있었습니다. 옥졸들이 무쇠 들보로 무제를 누르니, 두 갈빗대가 쪼개지며 무수한 달걀이 튀어 나와서 평상 높이와 같이 쌓였습니다.

무제께서는 고통을 이기지 못하여 신을 불러 말씀하기를, '네가 나가거든 수나라 천자께 나의 말을 전하고, 창고에 있는 금옥과 피륙은 전날 내가 저축한 것이니, 내가 지금 불법을 파멸한 일로 견딜 수 없는 고통을 받고 있으므로, 그 재물로 나를 위하여 공덕을 지어 달라'고 하옵니다."

문제는 칙명을 내려 온 백성에게 1전씩 주어 무제의 명복을 빌게 하고, 그 사실을 사기에 기록하였다고 한다.

제3부. 방생 법문

방생과 채식, 그리고 염불

주세규 거사[2] 엮음

여러분은 방생하면 어떤 이미지가 떠오르십니까. 절과 스님들이 가장 먼저 연상되십니까. 혹시 부정적인 이미지는 갖고 계시지 않습니까. 불교를 믿지 않는 분들은 방생에 대해 거부감을 가질지도 모르겠습니다. 방생이 불교에서만 치르는 행사로 인식되어 왔으니까요. 사실 방생이 불교의 전유물은 아닙니다. 불교에서뿐만 아니라 옛 유가나 도가의 성현들께서도 계살戒殺과 방생의 도리에 대하여 늘 말씀하셨습니다.

사실, 저는 얼마 전까지만 하더라도 방생에 대해 전혀 관심은커녕 지식도 전혀 없었습니다. 그런데, 약

2) <염불수행대전> <참선이 곧 염불이요 염불이 곧 참선이다> <나무아미타불 사경집>(비움과소통)의 저자. 재가 염불행자.

3년 전쯤 불광출판부에서 나온 〈오대산 노스님의 인과因果 이야기〉라는 책을 읽고 방생에 대해 비로소 알게 되었습니다. 이 책에서는 방생의 공덕에 대해 말하고 있습니다. 더 자세한 내용을 알고자 인터넷을 통해 중국 사이트로 들어가 방생에 관한 부처님이나 고승들이 남기신 글들을 뒤져보았습니다. 어땠을까요?

너무나 기쁜 나머지 덩실덩실 춤을 추고 싶었습니다. 방생의 공덕이 이렇게 크고 대단한지 비로소 알게 되었으니까요. 그래서 제가 지금까지 살아오면서 지은 많은 죄들을 방생을 해서 용서받고 싶어졌습니다. 이제 방생은 염불수행과 함께 저의 인생을 인도할 든든한 인도자입니다. 이제 방생의 불가사의한 공덕을 여러분과 공유하고 싶습니다. 이 글을 읽으시고 주변 분들에게도 방생을 많이 권해주시길 바랍니다.

《정법념경正法念經》에서 부처님은 설하셨습니다.

"절 하나를 짓는 것이 한 사람의 목숨을 구하는 것만

못하다.[造一所寺 不如救一人命]"

제2의 석가모니라 불리는 인도의 용수龍樹보살은 〈대지도론大智度論〉에서 말씀하십니다.

"모든 죄 중에서 살생의 업이 가장 무겁고, 모든 공덕 중에서 방생의 공덕이 제일이다.[諸餘罪中 殺業最重 諸功德中 放生第一]"

일생보처위一生補處位에 계시는 미륵보살은 말씀하십니다.

"그대들에게 권하노니 부지런히 방생을 행하라. 그리하면 마침내 장수하리라. 방생을 할 때 보리심을 발하면 큰 어려움이 닥쳐와도 하늘이 반드시 구해줄 것이다.[勸君勤放生 終久得長壽 若發菩提心 大難天須救]"

《화엄경》의 결경結經으로 불리는 《범망경》에서 부처님은 설하셨습니다.

"불자들이여, 자비로운 마음으로 방생의 업을 행하라. 모든 남자는 (한때) 나의 아버지였고, 모든 여자는

(한때) 나의 어머니였다. 내가 세세생생 그들을 따라 몸을 받지 않은 적이 없었으니 고로 육도의 중생은 모두 나의 부모이다. 그러므로 중생을 죽여서 먹는 것은 곧 나의 부모를 죽이는 것이다.[若佛子 以慈心故 行放生業 一切男子是我父 一切女人是我母 我生生無不從之反生 故六道衆生 皆是我父母 而殺而食者 卽殺我父母]”

중국 원나라 때의 고승인 고봉高峰 원묘原妙선사는 “살생은 곧 부처를 죽이고 부모를 죽이는 것이며 내 몸을 죽이는 것이다”라고 일갈하였습니다.

그런가 하면 중국 근대의 고승인 홍일弘一대사는 “수명을 늘리고 싶은가. 병이 낫기를 바라는가. 고난을 면하길 바라는가. 자식을 낳고 싶은가. 극락에 왕생하고 싶은가. 이를 원한다면 이제 가장 간단한 방법을 알려드리리다. 그것은 바로 방생이오.[欲延壽否 欲愈病否 欲免難否 欲得子否 欲往生否 倘願者 今一最簡之法奉

告 卽是放生也]"라고 하였고, 또 "오직 바라거니, 그대들은 오늘 이후부터 방생을 힘써 행하고, 살생하는 일을 철저히 금하라.[惟願諸君自今以後 力行放生之事 痛改殺生之事]"는 가르침을 남겼습니다.

허운선사는 "근래에 세상 사람들이 재난을 당하는데, 살생의 업이 무거워서 모두 이런 과보를 만나는 것입니다. 저는 늘 세상 사람들에게 살생을 금하고 방생할 것을 권합니다. 채식을 하면서 염불을 하라는 이유는 여러분들이 인과因果 윤회의 과보를 만나지 않기 위함입니다. 여러분들은 이 가르침을 마땅히 믿고 행하여 선인善因을 심고 성불하시기 바랍니다.[近來世界人民遭難 殺劫之重 皆是果報所遭 每每勸世人要戒殺放生 吃齋念佛者 也就是要大家免遭因果輪廻之報 諸位須當信奉 種植善因 成就佛果]"라고 하였습니다.

'생명에 대한 외경畏敬(Reverence for Life)'을 부르짖은 성자聖者 슈바이처(Schweitzer)는 이렇게 말합니다.

“나는 나무에서 잎사귀 하나라도 이유 없이는 뜯지 않는다. 한 포기의 들꽃도 꺾지 않는다. 벌레도 밟지 않도록 조심한다. 여름밤 램프 밑에서 일할 때 많은 벌레의 날개가 타서 책상 위에 떨어지는 것을 보는 것보다는 차라리 창문을 닫고 무더운 공기를 들이마신다.”

그는 또 “한 마리의 곤충을 괴로움으로부터 구해줌으로써 나는 인간이 생물에 대해서 줄곧 범하고 있는 죄의 얼마간이라도 줄이려 한다. 어느 종교나 철학도 생명에 대한 경외에 바탕을 두지 않는다면 그것은 진정한 종교도 아니고 진정한 철학도 아니다.” 라고 하였습니다.

방생이란 죽을 위기에 처한 생명을 구해주거나 고통에 처한 중생을 고통으로부터 건져주는 것을 말합니다. 육식을 끊는 것이 방생의 출발이며, 넓게 보면 자기가 쌓은 공덕이나 복덕을 중생을 위해 회향하는 것도 방생입니다. 자살하려는 사람을 설득하여 자살을 하지 못하도록 하는 것도 방생이고, 채식을 하는 것도 방생입니다. 다른 사람들에게 살생을 하지 않도록 일깨워주는 것도 방생이고, 생명의 소중함을 널리 알리는 것도 방생에 들어갑니다. 방생은 불보살의 대자대비에 가장 부합하는 행行이며, 정토왕생에 가장 든든한 자량資糧입니다.

제가 정토법문을 공부하고 또 정토법문에 관한 말씀들을 회집會集하면서 유독 우러러 공경하고 찬탄하는 고승들이 계십니다. 천태대사, 영명 연수선사, 연지대사, 인광대사가 그분들이신데, 이분들은 하나같이 방생을 강조하셨다는 공통점을 가지고 있습니다.

방생을 하는 이유는 우선 우리가 누겁累劫이래로 헤아릴 수 없이 많은 살생업殺生業을 저지른데 대한 무거운 빚을 갚기 위함입니다. 하지만 어떤 이들은 "채식을 하는 것도 살생을 하는 것이 아니냐." 라며 묻습니다. 사실, 채식도 살생을 절반은 하는 셈입니다. 채식만 그러한 게 아니라 우리가 숨을 쉬는 것도, 땅 위를 걸어가는 것도, 물을 마시는 것도 다 생명을 해치는 것입니다. 밭을 가는 것도, 나무를 태우는 것도 역시 생명을 해치는 것입니다.

남회근 선생은 말씀하십니다. "참으로 살생하지 않는 정도까지 성취하기란 대단히 어렵습니다. 당신의 선정禪定 공부가 삼선천三禪天에 도달하여, 먹지 않고 마시지 않고 호흡하지 않아도 될 수 있어야 가능합니다." 채소는 동물과 달리 그걸 먹은 사람에게 원한을 갖지 않습니다. 게다가, 부처님이나 고승들께서는 육식을 금하라는 말씀은 수도 없이 하셨지만, 채식을 하지 말라는 말씀은 하지 않으셨습니다. 다만, 성을 내게 하고 음욕을 돋우는 다섯 가지 채소인 오신채만큼은 금하셨습니다. 이것으로 볼 때, 채식은 육식과 질적으로 다르다는 것을 알 수 있습니다.

또 누구는 이렇게 항변하실 지도 모르겠습니다. "나

는 직접 동물을 죽인 적은 없다." "내가 먹은 고기는 이미 죽어 있던 고기다." "동물들을 잡아먹지 않으면 그들의 개체수가 급격히 늘어나 생태계가 무너질 것이다." 이런 말들은 언뜻 보아 일리가 있어 보이지만, 사실 그렇지 않습니다.

이른바 간접 살생도 엄연한 살생입니다. 간접 살생이 직접 살생에 비하여 죄가 가볍다거나 덜하다는 말씀은 경전 어디에도 나오지 않습니다. 오히려《능가경》에 "고기를 먹는 것과 직접 죽이는 것은 그 죄가 같다.[食肉與殺同罪]"라는 말씀이 있습니다. 그리고 부처님은 이른바 삼정육三淨肉이나 구정육九淨肉까지도 금하셨으며, 예컨대 우리가 비둘기를 잡아먹지 않는다 하여 비둘기의 수가 급격히 불어나 생태계를 교란시킨다거나 중대한 위험을 초래한다는 보고를 전혀 들은 바 없습니다.

우리가 한평생 먹는 고기의 양이 과연 어느 정도나 되는지 궁금하시지 않습니까.

육류 소비가 세계에서 가장 많은 영국의 경우, 1년에 한 사람이 85㎏의 고기를 먹는다고 합니다.(생선이나 조류 등은 제외된 것입니다) 이는 33마리의 닭과 돼지 1마리와 양 4분의 3마리와 소 5분의 1마리에 해당하는 양입니다. 미국인의 경우, 한 사람이 태어나서 죽을 때까지 21마리의 소, 14마리의 양, 12마리의 돼지, 900마리의 닭, 그리고 1,000파운드(약 453kg)의 물고기와 새 종류를 먹는 것으로 집계되었습니다. 독일인 한 명이 평생 돼지 22마리, 소 7마리, 양 20마리, 닭 600마리 외에 수도 없는 물고기를 먹어치운다는 통계가 있습니다.

통계청 자료에 따르면, 2009년 한 해에 우리나라 국민 1인당 육류 소비량은 36.8㎏에 달합니다. 2010년 우리나라에서는 닭 7억 2천만마리, 돼지고기 1,400만 마리, 소 75만 마리가 도축되었습니다.

고기를 먹을수록
우리의 몸과 영혼은 죽어갑니다.
고기를 먹을수록
우리의 업장은 무겁고 두터워집니다.
고기를 먹을수록
우리는 삼악도에 태어날 가능성이 높아집니다.
고기를 먹을수록
우리의 복덕은 깎이고 얇아집니다.
고기를 먹을수록
우리에게서 호법천신은 떠나갑니다.
고기를 먹을수록
우리가 임종 때 당하는 고통이 늘어갑니다.
고기를 먹을수록
우리는 극락왕생이 어려워지거나 더뎌집니다.
고기를 안 먹으면 극락에 왕생하더라도 하품下品에는 나지 않고 중상품으로 왕생합니다.

소나 돼지나 닭들이 일생동안 자라나는 사육환경을 우리가 직접 목격한다면, 우리는 한없이 눈물을 흘리지 않을 수가 없습니다. 인간과 똑같은 감정을 가진 그 동물들이 비참한 환경에서 고통과 분노로 일생을 살다가 잔인하게 도살당하는 장면은 크나큰 충격입니다. 그들이 죽어갈 때 순간적으로 내뿜는 호르몬에는 온갖 독소와 분노와 원한과 스트레스가 가득 담겨 있습니다. 그것을 우리는 먹는 것이지요.

예전에 풀만 먹이며 키우던 소는 5년 정도 키워야 도축할 수 있는 상태가 되었지만, 풀이 아닌 곡물(옥수수 등)과 항생제로 키우면 2년 6개월 만에 도축할 수 있을 정도로 성장합니다. 인간의 탐욕은 여기에 그치지 않고 소에게 유전자를 조작한 박테리아에서 대량 생산하는 성장호르몬과 고기사료를 투여합니다. 게다가 전염병을 막는다는 구실로 수시로 살충제를 투여합니다.

곡물과 항생제, 성장호르몬, 고기사료로 키운 소는 14개월이면 도축할 수 있습니다. 14개월 만에 60개월 정도 자라야 할 만큼 크기가 커진 소는 사실 극심한 비만상태로 당뇨병, 관절염, 신부전증, 심장질환, 혈관질환, 암 등 각종 질병에 걸려있어 사람이 먹어서는 안될 위험한 음식입니다. 이렇게 사육된 소는 14개월 이내에 도축되는데 그 이상 키우면 대부분의 소가 질병으로 급사하기 때문이랍니다.

예전에는 2년 키워야 하던 돼지도 현재는 집중가축시설에서 성장호르몬, 항생제로 사육해 9개월이면 도축할 만큼 성장합니다. 돼지는 그 9개월간 하루도 흙을 밟지 못한 채 시멘트 바닥에서 일생을 지냅니다. 돼지는 흙을 입으로 파헤치며 흙과 벌레 등을 먹는 습성이 있습니다. 하지만 돼지들은 시멘트 바닥에서 평생 흙과 풀을 접하지 못한 채 락토파민(ractopamine)이라는 항생제를 투여 받으며 자랍니다. 락토파민은 원래 폐질환치료제인데 그 부작용으로 비만 증상이 나타나는 현상에 착안하여 이를 성장호르몬으로 투여하고 있는 것입니다. 이 락토파민은 비만 이외에도 신장 결석과 각종 암을 유발시키는 것으로 밝혀진 위험한 약입니다.

그 외에 돼지에게는 유전자조작 성장호르몬인 레포신(LEFOCIN)도 투여됩니다. 복제도 서슴없이 행해집니다. 이렇게 비만을 유발하는 항생제와 성장호르몬, 복제로 사육된 고기를 먹는 인간에게는 그대로 비만과 관절염, 신장결석, 심장질환, 뇌졸중, 각종 암 등이 전이됩니다. 그리고 암돼지에게는 다국적 거대화학기업인 셸(Shell)에서 생산하는, 자동차 엔진오일 이름 같은 XLP-30이라는 합성호르몬을 투여해 한 번에 낳는 새끼 돼지 수를 늘립니다. 자연상태에서는 보통 6마리 정도를 출산하지만 합성호르몬을 투여 받으면 10마리 이상을 낳게 됩니다.

팔려나가는 닭의 90%가 백혈병이나 암 등 각종 질병을 앓고 있습니다. 좁디좁은 공간에서 다양한 항생제와 많은 성장촉진제를 먹고 빨리 자란 닭들은 성장속도를 견디지 못하고 일부는 심장마비로 죽습니다. 닭들을 도살하는 방법도 점점 진화하고 있는데 방식은 이렇습니다. 기계가 닭의 머리를 있는 대로 쭉 잡아당겨 숨을 끊어 버립니다. 이렇게 하면

머리가 딸려 나갈 때 안의 식도와 내장까지 같이 끌려나오기 때문입니다. 이것이 세 사람 정도의 인력을 절약할 수 있는 기술이랍니다.

세 번 반복해서 말씀드립니다.

고기를 먹으면 우리는 동물의 분노와 원한과 공포와 저주와 독소를 함께 먹는 것입니다.

고기를 먹으면 우리는 동물의 분노와 원한과 공포와 저주와 독소를 함께 먹는 것입니다.

고기를 먹으면 우리는 동물의 분노와 원한과 공포와 저주와 독소를 함께 먹는 것입니다.

모든 중생은 불성佛性을 갖고 있습니다. 다만, 전생의 업장이 두터워 동물이나 벌레나 곤충으로 태어난 것일 뿐, 불성을 갖고 있음은 둘 사이에 아무런 차이가 없습니다. 불성을 가진 중생을 구해주는 것은 곧 미래의 부처를 구해주는 것입니다. 하찮게 보이는 미물일지라도 이들이 전생에는 나의 부모였을 수도 있고, 내 자식이었을 수도 있습니다. 모든 중생은 나와 한 몸임을 기억하시기 바랍니다.

방생은 두터운 업장을 소멸시키는 가장 좋은 방법이며, 재보시財布施 · 법보시法布施 · 무외보시無畏布施의 세 가지를 다 갖춘 보시입니다. 당나라의 시인 백거이白居易는 말합니다. "누가 어린 새들의 생명이 보잘것없다 하는가. 다른 모든 생명체와 같이 피와 살이 있는 귀중한 생명이다. 권하건대, 나무에 앉은 작은 새들이라도 함부로 죽이지 마라. 어린 새들도 자기의 어미가 돌아오기만을 기다리고 있다네.[誰道群生性命微 一般骨肉一般皮 勸君莫打枝頭鳥 子在巢中望母歸]"

방생은 나의 운명을 바꾸고, 과거 생에 저지른 살생의 빚을 갚아 주고, 방생은 자비심의 극치이고, 방생은 나에 대한 원한을 풀어주고, 방생은 재앙을 없애주고, 방생은 질병을 낫게 하고, 방생은 수명을 늘려주고, 방생은 극락왕생 시 상품上品에 태어나게 합니다.

집안에 우환이 있을 때에는 육식을 끊고 염불과 함께 방생을 하십시오.
집안에 질병에 걸린 사람이 있을 때에는 염불과 함께 방생을 하십시오.
소원을 빨리 그리고 원만히 성취하고 싶으시면 서둘러 방생을 하십시오.
자녀가 잘 되기를 바라신다면 자녀의 이름으로 방생을 많이 하십시오.
부모님께서 극락에 왕생하시길 바란다면 염불과 함께 방생을 많이 하십시오.
죽을 때 고통이 없기를 바라신다면 부지런히 방생을 하십시오.
몸이 아프거나 원인을 알 수 없는 질병으로 고통을 받고 계신다면 방생을 하십시오.

방생할 때 유의사항이 있습니다.

먼저, 방생을 해도 자연사自然死할 우려가 크거나 사람들한테 잡혀서 먹히거나 안락사安樂死될 가능성이 큰 동물들은 방생하지 말아야 합니다. 그래서 개나 닭, 오리 등은 방생의 대상으로 적합하지 않습니다. 하지만 자신이 직접 기르거나 동물을 사랑하는 사람들에게 선물로 주는 것은 괜찮습니다. 그리고 서식환경이 전혀 다른 곳에 방생해도 안 되겠지요. 예를 들어, 민물고기를 바다에 풀어준다든지, 또는 그 반대의 경우가 이에 해당합니다.

둘째, 국가에서 방생금지 동물로 지정한 것들은 방생하지 말아야 합니다. 서울시가 한강에 방생금지 물고기로 17종을 지정했는데(미꾸라지 · 떡붕어 · 비단잉어 · 버들개 · 자가사리 · 가시고기 등과 외래 물고기 등), 이는 우선 생태계 파괴가 우려되기 때문입니다. 서울시는 붕어 · 잉어 · 누치 · 피라미 · 쏘가리 등의 방생을 권장하고 있습니다.

셋째, 한 곳에 너무나 많은 물고기를 풀어주는 것도

안됩니다. 바다나 강과 같이 넓은 곳이 아닌 좁은 계곡이나 좁은 하천에 한꺼번에 한 종류의 물고기를 대량으로 방생하면 생태계를 무너뜨릴 가능성이 크기 때문입니다.

넷째 도살 또는 죽음 직전에 처한 동물들을 구해주는 것이 가장 좋습니다. 예를 들어, 도살장에 끌려가고 있는 소나 돼지, 낚시꾼이 막 잡은 물고기, 건강원에 있는 뱀이나 너구리 등의 야생동물들이 여기에 속합니다.

아이들이 땅에서 개미들을 죽이고 있거나, 개미집을 막아버리거나 막대기 등으로 쑤시는 것을 봤을 때, 또는 곤충채집을 하는 **아이들에게는 좋은 말로 그 생명들을 죽여서는 안된다고 일깨워줘야 합니다**. 한 사람에게 생명의 소중함을 일깨워서 그 사람이 육식을 평생 안 하고 생명을 안 죽인다면 얼마나 많은 동물들이 덜 희생되겠습니까. 그리고 그렇게 일깨워준 사람의 공덕은 또 얼마나 크겠습니까. 아무것도 모르는 순진한 아이들에게 생명이 얼마나 소중한 지를 가르쳐줘야 합니다. 그게 어른들이 해야 할 일입니다.

또 방생을 할 때에 부처님의 명호나 진언이나 불경의 제목(예를 들어, 나무대방광불화엄경 또는 나무묘법연화경)을 소리 내어 들려주면 그 공덕이 헤아릴 수 없이 더 커집니다.

방생은 가히 업장소멸의 첩경이자 최고의 선법善法입니다. 방생을 제외한 다른 선법들은 거칠게나마 계율을 지키거나 삼업三業이 청정하면 공덕이 더 크지만, 방생만큼은 그렇지 않습니다. 계율을 지키지 않는 사람이 방생을 행한 공덕과 계율을 철저히 지키는 사람이 행한 방생의 공덕이 같습니다. 다시 말하면, 방생은 삼업(三業: 몸과 입과 생각으로 지은 업을 말함)이 청정하지 않은 사람이 해도 그 공덕은 헤아릴 수 없이 큽니다.

아무쪼록 방생을 많이 하셔서 큰 공덕을 쌓으시고 죽은 후에는 상품上品으로 극락왕생하시길 기도합니다.

나는 나무에서 잎사귀 하나라도
이유 없이는 뜯지 않는다.
한 포기의 들꽃도 꺾지 않는다.
벌레도 밟지 않도록 조심한다.
여름밤 램프 밑에서 일할 때
많은 벌레의 날개가 타서
책상 위에 떨어지는 것을
보는 것보다는
차라리 창문을 닫고
무더운 공기를 들이마신다.
- 알버트 슈바이처

유수 장자 이야기

〈금광명경金光明經〉 유수장자품流水長者品

부처님은 보리수 신에게 말씀하셨다.

장자의 아들 유수는 천자재광 임금의 나라에서 여러 중생들의 한량없는 병환을 다스리어 그들의 몸이 예사 때와 같이 회복되어 쾌락을 받게 하였다. 그들은 병이 쾌차하게 되자 복된 사업을 많이 행하고 보시도 많이 행하게 하였고 이 장자의 아들을 존중히 여기고 공경하면서 이러한 말을 하였다. "장하여라 장자야! 복된 일을 많이 하였으며 중생들의 목숨을 한량없이 늘리었으니 당신은 참말로 큰 의사입니다. 중생들의 한량없는 중병을 다스리었으니 당신은 약과 방문을 잘 아시는 보살이십니다."

착한 여신이여, 그때에 장자의 아들에게 아내가 있었는데, 이름이 수공용장(水空龍藏)이었다. 어느 때에 유수는 두 아들을 데리고 도시와 시골로 다니다가 나중에 어떤 물 없는 큰 늪에 이르렀다. 이상하게도 호랑이, 늑대, 여우, 개, 짐승 새들이 고기를 실컷 먹고 모두 몰려가는 양을 보았다. 그때에 유수는 이 짐승들이 무엇 때문에 몰려 달아날까 내가 가서 보리라 생각하고 따라 갔었다. 큰 못이 있는데 물은 거의 말랐고 못 안에는 고기들이 많이 있었다. 유수가 이 고기를 보고는 가엾은 생각을 내었다.

어떤 목신이 몸을 반쯤 나타내고 이렇게 말하였다. "착하고 장하여라, 선남자여! 이 고기들이 대단히 불쌍하니 그대는 물을 주어 살게 하라. 그러기에 그대의 이름을 유수(流水)라 한 것이다. 또 두 가지 인연으로 유수라고 한 것이니 하나는 물을 흘려 내린다는 뜻이고 하나는 물을 준다는 뜻이다. 그대는 이름대로 실지를 행하라."

이때에 장자의 아들 유수는 이 고기의 수효가 얼

마냐고 목신에게 물었다. 목신은 고기의 수효는 일만이라고 대답하였다. 유수는 그 엄청난 수효를 알고는 가엾은 마음이 더한층 사무쳤다.

착한 여신이여, 그때에 이 큰 못은 햇볕에 쪼여서 거의 다 말랐고 일만 마리 고기들은 죽을 수밖에 다른 도리가 없었다. 사방으로 몰려다니던 고기들은 유수 장자를 보고는 행여나 믿는 마음을 내어서 장자의 가는 곳을 따라서 쳐다보며 잠깐도 눈을 돌리지 아니하였다. 유수 장자는 사방으로 다니면서 물을 찾아보았으나 물을 찾아낼 수가 없었다. 한 곳에 큰 나무가 있는 곳을 보고 올라가서 가지를 많이 꺾어다가 못 위에 덮어서 그늘을 만들어 주었다. 그리고는 다시 돌아다니면서 이 못물이 어디서 본래 어디서 왔던가를 찾아보았으나, 그 근원을 찾아낼 수가 없었다. 그러다가 멀리 한 곳에 이르니 큰 강이 있었다. 그 강 이름은 수생(水生)이었다. 그런데 어떤 나쁜 사람들이 이 고기를 잡으려고 이 강 상류의 험악한 곳에서 물을 다른 데로 터놓아서 아래로는 내려가지 못하게 한 것이었다. 그 터놓은 자리가 매우 험악하여 막기가 어려웠고 그것을 막으려면 수천 명이 서너 달 동안 역사를 하여야 하게 된 것이니 혼자로서는 어찌할 도리가 없었다.

유수 장자는 곧 발길을 돌려 임금한테 가서 예배하고 그 사실을 말하였다. “저는 이 나라 여러 곳에서 백성들의 온갖 병을 치료하여 주느라고 여기저기 돌아다니다가 어떤 물 없는 늪에 이르렀습니다. 거기엔 큰 못이 있는데 물은 거의 말랐고, 그 안에 있는 일만 마리 고기들이 햇볕에 쪼이어 금방 죽게 되었사옵니다. 바라건대 대왕이시여, 큰 코끼리 스무 마리를 빌려주시면 물을 길어다가 죽게 된 고기들을 살리겠습니다. 제가 백성들의 목숨을 구원하듯이….”

임금은 즉시 대신에게 명령하여 유수의 소원대로 하여주라고 하였다. 대신은 임금의 명을 받고 유수 장자에게 말하였다.

“착한 보살이여, 당신이 코끼리 마구간에 가서 마

음대로 골라 가지고 가서 중생들을 이롭게 하여 즐겁게 해 주시오."

이때에 유수 장자는 두 아들과 함께 코끼리 스무 마리를 끌고 또 성을 쌓는 사람에게서 가죽부대를 많이 빌려 가지고 재빨리 그 강물을 터놓은 곳으로 갔다. 강물을 길어서 코끼리 등에 싣고 빨리 달려 물 마른 못으로 가서 코끼리 등으로부터 물부대를 내리어 못에 부으니, 물은 예전처럼 못에 가득하였다.

그때에 유수 장자는 못 언덕으로 거닐었다. 이 고기들도 또한 그를 따라서 못 가로 몰려다니고 있었다. 장자는 다시 이렇게 생각하였다.

'이 고기들이 나를 따라다니는 것은 필시 배가 고파서 나에게 먹을 것을 구하려고 하는 것이리라.'

그래서 유수 장자는 아들을 시켜 "너는 기운 센 코끼리 한 마리를 끌고 빨리 집에 가서 할아버지께 이 사실을 여쭙고, 집에 있는 먹을 것이면 부모가 자시려던 것이나 처자나 하인들이 먹으려던 것이거나 간에 모두 모아서 코끼리에 싣고 빨리 돌아오라"고 일렀다.

두 아들은 아버지의 말씀대로 가장 큰 코끼리 한 마리를 끌고 집에 가서 할아버지께 이러한 사실을 여쭙고, 집에 있는 먹을 것을 거두어 코끼리에 잔뜩 싣고 아버지 있는 못 가로 돌아와 빈 못에 이르렀다. 유수 장자는 아들이 싣고 온 먹을 것을 죄다 못에 넣어 고기들에게 먹게 하였다. 그리고 이렇게 생각하였다.

'내가 오늘은 이 고기들에게 먹을 것을 보시하여 배부르게 하였지만, 오는 세상에는 마땅히 법식(法食)으로 보시하리라.'

그리고 또 이런 일을 기억하였다.

지난날 어느 고요한 곳에서 어떤 비구가 대승방등경을 읽는 것을 들으니 그 경 가운데 말하기를 "어떤 중생이든지 임종할 때에 보승여래의 이름을 들으면 천상에 태어난다"고 하였었다. 나도 이제 이 고기들을 위하여 묘하고 깊은 12인연을 말하여 주고 또 보승여래의 이름을 일러주리라.

그때에 남섬부주에 두 사람이 있었는데 하나는 대승방등경을 잘 믿는 사람이고 다른 하나는 비방만 하고 믿지 않는 이었다.

유수 장자는 내가 지금 못 속에 들어가서 이 고기들을 위하여 깊고 미묘한 법문을 일러주리라 생각하고 곧 못 속에 들어가서 "나무 과거 보승 여래·응공·정변지·명행족·선서·세간해·무상사·조어장부·천인사·불세존"이라 일컬었다.

보승여래는 지나간 세상에서 보살도를 닦을 적에 다음 같은 서원을 세운 일이 있었다.

'어떤 중생이나 시방세계에서 목숨이 마치려 할 때에 내 이름을 듣는 이에게는 나는 반드시 이들로 하여금 목숨이 마친 뒤에 곧 삼십삼천에 태어나게 하겠다.'

유수 장자는 또 이 고기들에게 깊고 미묘한 법문을 일러 주었다.

"무명(無明)은 행(行)의 연(緣)이 되고, 행은 식(識)의 연이 되고, 식은 명색(名色)의 연이 되고, 명색은 6입(入)의 연이 되고, 육입은 촉(觸)의 연이 되고, 촉은 수(受)의 연이 되며, 수는 애(愛)의 연이 되고, 애는 취(取)의 연이 되며, 취는 유(有)의 연이 되고, 유는 생(生)의 연이 되고, 생은 노(老)·사(死)와 우(憂)·비(悲)·고(苦)·뇌(惱)의 연이 되느니라.'

착한 여신이여, 그때에 유수 장자와 두 아들은 이런 법문을 일러주고는 곧 그 집으로 돌아왔었다.

유수 장자는 어느 날 손님들을 모아 잔치하면서 술이 취하여 누어있었다. 그때에 땅이 갑자기 크게 진동하면서 일만 고기가 한꺼번에 죽어서 도리천에 태어났다. 천상에 태어나서 생각하기를 '우리들이 무슨 선근 인연으로 도리천에 태어났을까?' 하면서 서로 이야기하였다.

'우리들이 지난날에 염부제에서 축생의 과보를 받아 물고기가 되었었는데, 유수 장자가 우리에게 물과 먹을 것을 주었고, 다시 우리를 위하여 매우 깊은 열두 가지 인연을 말하여 주고, 아울러 보승 여래의 이름을 들려 준 인연으로 우리들이 이 도리천에 태어나 천자가 된 것이다. 그러니까 우리는 지금 당장 유수 장자 집으로 가서 은혜를 갚고 공양하여야 한다.'

그리하여 일만 천자들은 곧 도리천으로부터 남섬부주에 내려와서 큰 의사 유수 장자의 집에 이르렀다. 그때에 유수 장자는 누(樓)의 마루에서 누어자고 있었다. 이 일만 천자들은 진주와 묘한 하늘 영락 일만 가지를 유수 장자의 머리맡에 놓아두고, 또 일만 가지는 발치에, 일만 가지는 오른 옆에 두고, 또 일만 가지는 왼 옆에 두고, 작은 만다라꽃, 큰 만다라꽃을 흩어서 무릎까지 쌓이게 하였고, 여러 가지 하늘의 가락으로 아름다운 소리를 내었다.

그래서 남섬부주에서 잠자던 사람들이 모두 잠을 깨었다. 물론 유수 장자도 함께 잠을 깨었다. 일만 천자들은 허공 중에 날아다니면서 온 나라에 아름다운 하늘 연꽃을 뿌렸고, 다시 본래 살던 빈 못에 가서도 하늘 꽃비를 내리고는, 도리천궁에 올라가서 자유롭게 하늘의 다섯 가지 욕락을 즐기고 있었다.

그때에 남섬부주에서는 그 이튿날 천자재광 임금이 대신들에게 물었다.

"어젯밤에 무슨 인연으로 그렇게 훌륭한 상서로운 일과 큰 광명이 있었던가?"

대신들이 대답하기를

"대왕이시여, 도리천 천자들이 유수 장자의 집에 내려와서 사만 가지 진주와 하늘 영락과 수없이 많은 만다라꽃을 뿌렸나이다."

왕은 대신에게 명령하여 "유수 장자의 집에 가서 좋은 말로 위로하고 그를 불러오라"고 하였다.

대신은 장자의 집에 가서 임금의 명령을 전달하고 장자더러 대궐로 가자고 말하였다. 장자는 대신을 따라 대궐에 들어왔다. 임금은 어젯밤에 상서가 있었던 연유를 물었다. 유수는 이것은 아마 일만의 고기들이 죽었을 것이라고 여쭈었다. 임금은 그러면 사람을 보내어서 그 사실을 조사하여 보라고 명령하였다. 유수는 그의 아들을 못 있는데 보내어 고기들이 죽었는지 살아 있는지 보고 오라고 일렀다.

그때에 그의 아들은 아버지의 말을 듣고 그 못에 가 보았더니, 못 안에는 만다라꽃이 가득히 쌓여 있었고 고기들은 모두 죽어 있었다. 그 광경을 보고는 곧 돌아 와서 아버지에게 고기들이 모두 죽어있더라고 말하였다.

유수 장자는 그 사실을 듣고 다시 임금에게 가서 일만의 고기들이 모두 죽었다더라고 여쭈었다. 임금은 이 말을 듣고 매우 기뻐하였더란다.

부처님께서는 도량에 있는 보리수신에게 이어서 말씀하셨다.

"착한 여신이여, 그때의 유수 장자를 알고 싶은가. 그는 지금 이 몸이고, 맏아들 수공은 지금의 라훌라이고, 둘째 아들 수장은 지금의 아난이고, 일만 마리 고기는 지금의 일만 천자이니라. 그래서 내가 아뇩다라삼먁삼보리 수기를 준 것이다. 그리고 그때에 몸을 반쯤 나타냈던 목신은 지금 너의 몸이니라."

꿈틀거리는 모든 생명은 영혼(업식業識)을
가지고 있어서 모두 불성佛性이 있느니라.
다만 미망 때문에 마침내 윤회의 바퀴를 오르내리면서
각각 다른 모습을 하고 있는 것이다. 그들은
생사윤회를 거듭하면서 서로 육친권속이 되기도 하였는데,
겉모습이 바뀌면 다시는 서로 알아보지 못하느니라.
만약 희사심喜捨心을 내고 자비로운 생각을 일으켜
재물을 써서 방생을 하는 자는 현세에는 병이 낫고
수명이 길어지며 미래에 반드시 깨달음을 증득한다.
- 석가세존

물속의 벌레를 살려주고 깨달음을 성취하다

『정행소집경』에 기록된 이야기다.

부처님의 사리에 예배하기 위해 멀리서 찾아오는 두 수행자가 있었다. 먼 길을 걷다보니 몹시 목이 말라 물을 찾았더니 마침 물이 고인 자리가 있었다.

한 수행자는 갈증을 참지 못한 나머지 이것 저것 살펴보지 않고 물을 마셔 버렸다. 그러나 다른 한 수행자는 그 물에 벌레가 살아 꿈틀거리는 것을 보고 물을 마시도록 권유하는 도반에게

"내가 비록 목이 말라 죽을지언정 남의 목숨을 상하게 할 수 없소."

하고 나무 밑에 단정히 앉아 갈증을 참다가 숨을 거두었다. 그런데 그는 이 인연으로 도리천에 태어나 부처님을 뵙고 가르침을 들은 후 드디어 깨달음을 성취하였다.

저 (육도윤회를 벗어난) 극락세계에 태어나고자 하는 이는 마땅히 삼복을 닦아야 하느니라.
그 첫째는 부모님께 효도 봉양하고, 스승과 어른을 받들어 모시며, 자비로운 마음으로 살생을 하지 말고, 열 가지 선업을 닦아야 하며,
둘째는 삼보를 받아들이고 늘 기억하여, 온갖 계행을 구족하고 위의를 범하지 않아야 하며,
셋째는 보리심을 발하고, 깊이 인과를 믿으며, 대승경전을 독송하고, 권면하고 이끌어주어야 하나니, 이 같은 세 가지 일을 극락세계에 왕생하는 청정한 업이라 이름하느니라.
-관무량수경

제불 · 조사의 방생 법문

수명을 늘리고 싶은가. 병이 낫기를 바라는가. 고난을 면하길 바라는가. 자식을 낳고 싶은가. 극락에 왕생하고 싶은가. 이들을 원한다면 이제 가장 간단한 방법을 알려 드리겠소. 그것은 바로 방생이오.

欲延壽否 欲愈病否 欲免難否 欲得子否 欲往生否 倘願者 今一最簡之法奉告 卽是放生也

_홍일대사

* 홍일대사(1880-1942) : 홍일 대사는 중국 근대와 현대를 통틀어 최고의 예술적 재능을 지닌 고승이었다. 음악, 미술, 서법, 희극, 금석학, 서각(書刻), 시문(詩文) 등 다방면에 일가(一家)를 이루었다. 대사께서 스스로 "비구의 자격에도 충분하지 못할 뿐만 아니라 사미의 자격에도 충분하지 못하고, 심지어 오계를 제대로 잘 지키는 우바새의 자격도 충분치 못하다."고 하면서 자책하셨다고 한다. 남산 율종(律宗)을 중흥시켜 남산 율종의 11대 조사로 받들어지고 있다. 대사는 율학으로 이름이

높았지만 염불법문을 매우 중시하였고, 임종 시 염불의 중요성과 방생을 특히 강조하였다. 죽어 화장을 하니 사리 1,800과(果)와 사리덩어리 600개가 나왔다.

고기를 먹는 자는 공덕을 구하고자 해도 어느 것 하나도 구하지 못한다.
食肉之人 所求功德 悉不成就 _《능엄경》

방생은 숙세에 지어 온 업을 소멸시키는 가장 빠른 방법이다.
放生爲消宿業第一快速法 _고덕古德

진실로 복을 얻기를 바란다면 선善을 행하기를 널리 힘쓰라. 어떻게 하면 널리 선을 행할 수 있을까. 방생만 한 것이 없다.
果思邀福 務廣其善 善何以廣 莫如放生
_〈계살연생록戒殺延生錄〉

제일 낮은 공덕은 살생을 하지 않겠다고 결심하는 것이요, 중간의 공덕은 살생을 하지 않겠다는 다짐과 함께 채식을 하겠다고 결심하는 것이며, 최고의 공덕은 살생을 금하고 채식을 하면서 방생하겠다고 결심하는 것이다.
下功斷緣戒殺 中功斷緣兼素 上功斷緣放生 _고덕

오늘 방생을 하라. 방생되는 생명들은 그 고마움을 다 알아 은혜를 갚으려 애쓴다.
오늘 방생을 하라. 이는 미래의 한 부처님을 구제해 주는 것과 다름없다.
오늘 방생을 하라. 이는 자기의 친족을 구제해 주는 것과 다름없다.
오늘 방생을 하라. 원한을 푸는 데는 방생이 제격이니 다시는 보복의 과보가 없다.
今朝放生 物類皆知感恩圖報 今朝放生 等於救一未來佛 今朝放生 等於救自己的親人 今朝放生 正可解冤釋仇 不再冤冤相報 _고덕

일체중생은 살생으로 말미암아 현세에는 단명하고, 재물은 자꾸 줄며, 식구들과는 헤어지고, 뜻밖의 재앙을 당하며, 죽으면 반드시 지옥에 떨어진다.
一切衆生因殺生故 現在短命 財物耗減 眷屬分離 橫罹其殃 捨此身已 當墮地獄 _《우바새계경優婆塞戒經》

살생을 하지 않으면 하늘이 죽이는 천살天殺, 귀신이 죽이는 귀신살鬼神殺, 도적이 죽이는 도적살盜賊殺, 그리고 미래세가 다하도록 서로 보복을 되풀이하는 원원상보살冤冤相報殺을 면할 수 있다.
戒殺可免天殺 鬼神殺 盜賊殺 未來冤冤相報殺
_인광대사

무릇 육식하는 자는 대자비한 불성의 종자를 끊는 것이니, 일체중생이 그를 보고는 가버린다.
夫食肉者 斷大慈悲佛性種子 一切衆生見而捨去
_《범망경》

중생이 지극히 사랑하는 것은 목숨이다.
모든 부처님들께서 지극히 사랑하시는 것은 중생이다.
중생의 몸이나 목숨을 구해 준다면 모든 부처님의 마음과 서원을 성취하게 될 것이다.
衆生至愛者身命 諸佛至愛者衆生 能救衆生身命 則能成就諸佛心願
_《화엄경》

선도善道에 태어나는 즐거움을 누리고 싶거든 방생을 하라.
그리하면 인간과 천상에 태어나는 복보를 받는다.
적멸寂滅을 얻고 싶거든 방생을 하라.
그리하면 아라한의 경지에 오른다.
若欲善趣之樂 放生能得人天福報 若欲自得寂滅 放生卽得聲聞羅漢果
_〈방생공덕론放生功德論〉

보리심을 가지고 방생을 행하면 성불의 인因이 된다.
스승이 세상에 머무르기를 바라거든 방생하라.
그리하면 스승이 세상에 오래 머무를 것이다.
장수하고 싶거든 방생하라.
방생은 뛰어난 장수법이니, 방생이야말로 비할 데 없는 공덕이다.
若以菩提心所攝 放生則成佛果之因 若願上師住世 放生卽能感得上師長久住世 若欲自己長壽 放生成爲殊勝長壽法 此有無等之功德 _고덕

만일 생명을 죽이는 것을 즐거워하여 죽이고 먹는다면,
현생이나 후세에나 반드시 보복을 받는다.
若戲頑殺 及殺而食 現生後世 決定報復 _인광대사

모든 악업 중에서 오직 살생하는 죄업이 가장 무겁소. 온 천하에 살생의 업을 짓지 않는 사람이 없다오. 일찍이 평생에 한 번도 (직접) 살생을 하지 않았어도 그 사

람이 매일 고기를 먹는다면 이는 매일 살생하는 것과 다를 바 없소.
諸惡業中 唯殺最重 普天之下 殆無不造殺業之人 卽畢生不曾殺生 而日日食肉 卽日日殺生 _인광대사

금생에 방생을 하면 중음이 찾아왔을 때, 방생된 중생이 앞에 와서 좋은 길로 인도한다.
살생을 하면 죽임을 당한 중생이 죽임을 당할 때 지극한 분노와 원한을 나타내면서 그를 강제로 지옥 속으로 끌고 간다.
今生放生 到中陰時 其所放之衆生會來到面前爲你接引道路 若殺生 則其所殺之衆生 彼時會顯現爲極爲憤恨 而致使自己被強力引入地獄中 _〈중음구언론中陰救言論〉

살생을 하지 않는 것이 모든 계戒의 우두머리이고,
방생이 모든 선善의 으뜸이다.
세간에서 지극히 무거운 것은 목숨이고,

천하에서 가장 참혹한 것은 살상殺傷이니,
살생을 하지 않고 염불과 방생을 겸수兼修하면
극락에 상품上品으로 반드시 왕생할 것이다.
不殺爲諸戒之首　放生爲衆善之先　世間至重者生命　天下最慘者殺傷　戒殺念佛兼放生　決到西方上品會
_불인佛印선사

무릇 육식은 대자비의 종자를 끊어 버리는 것이다.
夫食肉者　斷大慈種　_《열반경》

질병이 생기는 까닭은 살생 가운데서 온다. 고로 유독 방생을 중시하는 것이다.
疾病之由　多從殺生中來　故偏重放生也　_연지대사

살생을 금하고 방생을 행하는 자는 내세에 사천왕천에 태어나 끝이 없는 복을 누린다오.

이 사람이 만약 염불수행까지 겸하면 서방 극락세계에 바로 왕생하니 그 공덕이 실로 무량하다오.
戒殺放生者 來世得生於四王天 享無極之福 若兼修淨土者 直可往生於西方極樂國土 其功德實無涯矣 _인광대사

우리는 부처님의 대자대비를 배우고, 살생을 경계하고 방생을 실천해야 합니다. 그래야 비로소 부처님을 배우는 수행입니다.
그러므로 부처님을 배우는 자는 계율을 지키고 살생을 금해야 할 뿐 아니라 방생에 더욱 힘을 써야 합니다. 그래야 비로소 부처님의 대자대비라는 큰 가르침에 합치하는 것입니다.
吾人當學佛之大慈大悲 實行戒殺放生 方是學佛之行 是以學佛者 不僅持律戒殺 尤當竭力放生 方合我佛慈悲宗旨 _원영대사

사람 100명과 말〔馬〕 100마리를 죽인 죄가 있더라도,

만약 한 중생을 방생하면 저 죄업이 청정해진다.
만약 중생 열 셋을 방생하면 만 겁 동안 지은 죄업이 깨끗이 없어진다.
만약 어떤 사람이 목숨이 다하려 할 때, 그를 위해 (다른 생명을) 방생하면 그 수명이 늘어난다.
만약 3일 내에 반드시 죽을 운명이라면 즉시 중생 열 셋을 방생하라. 그리하면 이 사람의 수명이 3년 늘어난다.
이미 방생된 중생을 죽이면 사람 100명을 죽이는 허물이 있다.
雖有殺百人百馬之罪 若放一衆生 清淨彼罪障 若放十三衆生 淨除萬劫之罪障 若有衆生盡壽命 爲彼作放生 延長其壽命 若三日內必定死亡 卽放十三衆生 此人能延壽三年 若殺害已經放生過之衆生 則有殺百人之過失也 _불경

중생을 죽여 그 고기를 먹는 자는 미진 겁이 지나도록 서로 먹고 죽이는 일을 되풀이 하는데, 마치 바퀴가 도는 것처럼 서로 오르내리면서 쉼이 없다.

선정禪定을 닦거나 부처님이 세상에 출현하실 때를 제외하고는 (이 보복의 과보를) 그치게 할 수 없다.
殺彼身命 或食其肉 經微塵劫 相食相誅 猶如輪轉 互爲高下 無有休息 除奢摩他 及佛出世 不可停寢
_《능엄경》

양무제가 지공선사에게 물었다.
"방생의 공덕이 어떠합니까."

지공선사가 답하였다.
"방생의 공덕은 한량이 없습니다. 부처님께서 이르셨습니다. '꿈틀거리는 모든 생명은 영혼(업식業識)을 가지고 있어서 모두 불성(佛性)이 있느니라. 다만 미망 때문에 마침내 윤회의 바퀴를 오르내리면서 각각 다른 모습을 하고 있는 것이다. 그들은 생사윤회를 거듭하면서 서로 육친권속이 되기도 하였는데, 겉모습이 바뀌면 다시는 서로 알아보지 못하느니라. 만약 희사심을 내고 자비로운 생각을 일으켜 재물을 써서 방생을 하는 자는 현세에는 병이 낫고 수명이 길어지며 미래에 반드시 깨달음을 증득한다.'"

梁武帝問誌公禪師 放生功德如何 答日放生功德不可限量 經云蠢動含靈 皆有佛性 只因迷妄因緣 遂使昇沈各別 以渠生死輪迴互爲六親眷屬 改頭換面不復相識 若能發喜捨心 起慈悲念 贖命放生者 現世保病延生 未來當證菩提

_《염불수행대전》

금생에 병이 없고 항상 건강하고 튼튼하며 오래 사는 사람은, 전생에 죽어가는 생명을 돌봐 주고 다 죽게 된 생명을 살려 준 방생의 공덕이니라.

_《삼세인과경》

사람이 본디 목숨을 아끼듯 살아있는 모든 존재는 그 목숨을 아낀다.

방생은 천심天心에 부합하는 일이고,

방생은 부처님 계율에 따르는 일이고,

방생은 삼재三災를 면하게 하고,
방생은 아홉 가지 횡액을 여의게 하고,
방생은 수명을 늘어나게 하고,
방생은 높은 관직에 오르게 하고,
방생은 자손을 번창하게 하고,
방생은 가문에 경사가 있게 하고,
방생은 근심과 고뇌를 없게 하고,
방생은 질병을 적게 하고,
방생은 맺힌 원한을 풀어주고,
방생은 죄를 깨끗이 씻어주고,
방생은 관세음보살의 자비이고,
방생은 보현보살의 행行이고,
방생과 살생은 그 과보가 거울처럼 분명하고 뚜렷하다.
人既愛其壽 生物愛其命 放生合天心 放生順佛令 放生免
三災 放生離九橫 放生壽命長 放生官祿盛 放生子孫昌
放生家門慶 放生無憂惱 放生少疾病 放生解寃結 放生罪
垢淨 放生觀音慈 放生普賢行 放生與殺生 果報明如鏡
_감산대사 〈방생게放生偈〉

불자佛子는 자비로운 마음으로 산목숨을 놓아주는 일〔放生〕을 해야 한다.
따지고 보면 육도六道중생이 모두 내 아버지요, 어머니다. 그러므로 산목숨을 잡아먹는 것은 곧 내 부모 형제를 죽이고 내 옛 몸을 먹는 일이나 마찬가지다.
누가 짐승을 죽이려고 하거든 방편으로 재난에서 벗어나게 해주어라.
_《범망경梵網經》

네가 생을 연장하고 싶으면 내 말을 들어라.
모든 일은 현명하게 자신에게서 구해야 한다.
네가 오래 살고 싶으면 방생을 해야 한다.
이것은 우주의 순환하는 진실한 도리이다.
중생이 죽을 때 그를 구해주면,
네가 죽을 때 하늘이 너를 구해준다.
수명을 연장하고 아들을 구하는 데는, 다른 방법이 없고 살생을 금하고 방생하는 것이 가장 좋다.

汝欲延生聽我語　凡事惺惺需求己　汝欲延生須放生　此是循環眞道理　他若死時你救他　你若死時天救你　延生生子無別方　戒殺放生而已矣　_〈방생찬放生贊〉

모든 생명은 폭력을 두려워한다.
모든 생명은 죽음을 두려워한다.
이를 깊이 알아서
죄 없는 생명을 함부로 죽이거나
죽이게 하지 마라.
_《법구경法句經》

방생되는 동물이 클수록 그 공덕도 더욱 크며, 도살하고 죽이는 유정有情의 몸이 클 수록 그 과실과 우환도 더욱 크다. 신체가 크면 고苦와 낙樂이 크기 때문이다.
_〈구사론俱舍論〉

칼, 창, 그물 등 살생의 도구를 사거나 팔거나 하면 매매 쌍방은 모두 지옥에 떨어지며, 아울러 그러한 공구工具가 없어지기 전까지 무량한 죄업이 날마다 증가한다.
_〈구사론〉

모든 유루有漏의 선법善法 가운데 방생의 공덕보다 큰 것은 없다. 무릇 다른 선법善法은 자기의 마음이 깨끗하지 못하면 공덕이 없으나, 방생은 그 마음이 깨끗하든 깨끗하지 않든 모두 중생에게 직접 혜택이 미치는 것이다. 그 때문에 불가사의한 선善의 과보가 있으며, 비록 한 마리의 생명을 방생해도 그 공덕을 헤아릴 수 없는 것이다.
_티베트의 고승 쇼다지 캄포

살생을 금하는 집은 선신善神이 보호하고, 재난과 횡액을 소멸하며 수명을 늘린다. 자손이 어질고 효순하

고 길吉하고 상서로운 일이 많으니, 다 열거하여 말할 수 없을 정도다. _연지대사

어리석은 사람은 도살을 기다리는 가축들의 두려워하는 모습을 보고 동정의 연민을 가지는 것이 아니라, 도리어 크게 분노하면서 꼭 죽이려 한다. 이러한 사람은 죽으면 반드시 지옥에 떨어진다.
모든 작은 동물들도 생명을 가지고 있다. 고苦와 낙樂의 느낌을 갖고 생을 탐하고 죽음을 두려워하니 함부로 죽일 수 없는 것이다. _쇼다지 캄포

일체의 고귀하고 빈천한 중생에게 금생과 내세의 안락법安樂法으로 방생보다 더 수승한 것은 없다.
남염부제를 한 바퀴 돈 공덕은 한 마리의 송아지를 방생한 공덕과 같으며, 관음주觀音呪를 7억번 염송한 공덕은 한 마리의 작은 소를 방생한 것과 같다.
_티베트의 고승 근상띠엔진

일체 중생이 가장 소중히 여기는 것은 바로 자신의 생명이다. 어떤 사람을 죽음 직전에서 구제하는 것이 최대의 은덕이며, 무정하게 그의 생명을 빼앗는 것은 최대의 박해이다. 살생을 금하고 방생하는 것은 대승보살의 본분사本分事이며, 또한 성불成佛의 자량資糧을 원만히 하는 최상의 방편법이다.
_쇼다지 캄포

세상에 살생이 많으면 결국에는 도병겁(刀兵劫, 전쟁)이 오게 되며, 목숨을 빚지면 너의 몸이 죽게 된다. 재물을 빚지면 집이 타거나 허물어지게 되며, 처자식이 흩어지게 되는 것은 일찍이 중생의 집을 파괴했기 때문이다. 각각 그에 상응하는 과보를 받게 되나니, 귀를 씻고 부처님 말씀을 들어야 한다.
_자수慈壽선사

모든 땅과 물은 나의 몸이고
모든 불과 바람은 나의 본체이니라.

고로 늘 방생을 하여야 한다.
一切地水是我先身 一切火風是我本體 故常行放生
_《범망경》

살생하지 않으면 어떤 이익을 얻습니까.
"살생하지 않으면 두려운 바가 없게 되고 안락하여 공포가 없어진다. 내가 중생을 해치지 않기 때문에 그 또한 나를 해함이 없게 된다. 살생을 좋아하는 사람은 비록 그 지위가 왕이 되어도 스스로 편안하지 못하게 된다.
만약 살생을 좋아하지 않으면 일체 중생이 모두 의지하기를 좋아한다. 살생하지 않는 사람은 목숨을 마칠 때, 그 마음이 안락하고 의심이 없고 후회가 없다. 만약 천상이나 인간에 태어나면, 항상 장수하게 되고 이것은 득도得道의 인연이 된다. 또는 부처님께서 머무는 정토에 왕생하여 수명의 무량함을 얻게 된다.
살생하는 사람은 금생과 내생에 갖가지 몸과 마음의

고통을 받게 되며, 살생하지 않는 사람은 이러한 여러 액난厄難이 없으니 이것이 큰 이익이다. 아울러 망령亡靈을 천도薦度하고 장례를 치르거나 재난을 소멸하기 위해서는, 모두 살생을 금하고 방생하는 것으로 복을 구해야 하며, 도道와 배치되게 행해서는 안된다. 그러면 헛되이 망자에게 업장을 더하게 된다."
_〈대지도론大智度論〉

살생을 금하고 죽어가는 생명을 살려주는 방생을 하라.
고통 받는 모든 중생을 불쌍히 생각하여 공양과 보시를 부지런히 하면 현생에서는 불보살의 사랑을 받아 의식衣食이 갖추어지고 병 없는 건강한 몸으로 장수할 것이니라.
너희는 온갖 생명 있는 것을 직접 죽이거나, 남을 시켜 죽이거나, 수단을 써서 죽이거나, 죽기를 찬탄하거나, 죽이는 것을 보고 기뻐하거나, 또는 주문을 외워 죽게 해서는 안되느니라.
살생한 과보는 매우 크나니 단명한 업보를 받을 것이며, 자신도 반드시 죽임을 당할 것이니라.
아난아, 세상의 모든 부귀공명과 흥망성쇠는 사람마다 제각기 그 전생에 닦은 인과응보요, 스스로 짓고 스스로 거두는 자업자득인지라, 누가 이 삼세인과三世因果를 소홀히 생각하겠느냐. 그러므로 이 가르침은 모든 중생에게 다시없는 귀중한 것이니 지성으로 받들어 봉송하라.
_《불설삼세인과경佛說三世因果經》

만약 생명을 구하는 방생을 하게 되면 단명자도 수명을 연장할 수 있으며, 만약 물고기, 뱀 등 중생을 죽이면 장수할 사람도 단명하게 된다.
_티베트의 아사리 아왕자빠

살생을 경계하는 것은
측은히 여기는 마음이 으뜸이요,

죽어 가는 목숨을 자유롭게 살게 하는 것은
자비로운 마음에서 비롯함이다.
모든 무리가 삶을 즐겨하지 않음이 없고,
미물微物도 모두 죽음을 두려워 할 줄 아니,
어찌 슬픈 소리를 듣고 차마 그 고기를 먹을 수 있으리오.
_유계幽溪 전등傳燈법사〈방생회권중서放生會勸衆序〉

청정한 비구와 보살菩薩은 길을 가면서 살아있는 풀을 밟지 않고, 손으로 뽑지 않는다.
_《능엄경》

천지天地는 나와 한 뿌리요,
만물萬物은 나와 한 몸이다.
_승조僧肇법사 〈조론肇論〉

어머니가 하나뿐인 외아들을 목숨을 걸고 보호하듯,
일체의 생물生物에 대해서도 한량없는 자비의 마음

을 일으켜라.
_《자비경慈悲經》

항상 방생을 하고 세세생생 생명을 받아 항상 머무는 법으로 다른 사람에게도 방생을 하도록 해야 한다. 만약 세상 사람들이 생명을 죽이는 것을 보았을 때는 마땅히 방편을 써서 구호해서 괴로움을 풀어주어야 한다.
_《범망경》

방생은 천지간의 생명을 아끼고 사랑하는 덕에 합치되며, 부처님의 자비심이며 관세음보살의 고난구제苦難救濟의 마음이며, 중생을 널리 제도濟度하는 것이다.
방생하는 사람은 천지간에서 불보살의 자비를 대신하여 세상을 구제하는 것이며, 이와 같은 사람은 필연적으로 흉凶이 길吉로 변하며, 병이 없고 고뇌가 없으며, 자손이 창성하고 가문이 길상吉祥할 것이다.
방생하는 사람은 방생 되는 존재의 감사의 은혜를 받게 되며, 살생하는 사람은 살해 되는 존재의 원한을 받게 된다. 눈앞의 은혜와 원수는 바로 미래의 복과 화禍의 원인이며, 그 과보果報는 거울과 같이 밝다.

_지공志公선사

생명을 죽이기를 좋아하는 사람은 죽어서 구리가 녹아서 강물처럼 흐르는 지옥에 떨어져 온몸이 불에 태워진다.
돼지와 양과 여우와 토끼와 나머지 생물 등을 살해하되 그것이 끝없으면 마땅히 중합지옥衆合地獄에 떨어지니, 그가 지옥에 난 뒤에는 이미 준비된 온갖 고초를 받고 고문을 받고 죽었다 다시 태어나는 이와 같은 괴로운 과보를 받으리라.

_《육취윤회경六趣輪廻經》

인간의 몸을 정보正報라 하고, 인간이 의지하고 있는 환경을 의보依報라 하는데, 이 둘은 하나다.
_〈현계론顯戒論〉

지금 잡혀 요리되기를 기다리는 목숨들을 건져 준다면, 숙세의 업장을 덜어내고, 착한 복덕의 뿌리를 심어 기를 수 있으며, 나아가 살殺의 인因을 영원히 끊어버려 함께 무궁토록 장수하는 과보果報를 얻을 수 있을 것이오.
물이나 허공, 물속에서 기고 날고 헤엄치는 모든 중생들이 똑같이 영명靈明한 지각知覺과 의식을 갖추었으나, 단지 숙세의 업장이 몹시도 깊고 무거워 우리와 다른 모습의 몸을 받은 걸 우리는 알아야 하오.
_인광대사

목련존자가 항하恒河가에 이르렀을 때 귀신 하나를

보았는데, 그 귀신이 이렇게 말했다.
"항상 큰 개가 와서 내 살을 먹는데, 오직 뼈만 있게 되면 바람이 불어서 다시 살아나고, 그렇게 되면 개가 다시 먹습니다. 이런 고통은 무슨 인연 때문입니까."
목련존자가 대답했다.
"그대는 전생에 하늘에 제사를 지내는 제주祭主였는데, 항상 중생에게 양을 죽여 그 피로 하늘에 제사를 지내라고 가르쳤다. 그리고 그대 스스로가 그 고기를 먹었으며, 이로 인해 금생에 그대의 살로써 갚는 것이다."
_《잡보장경》

내가 죽음을 싫어하는 것처럼 생명을 지닌 모든 것들은 죽음을 싫어한다. 형태가 있는 중생이건, 눈에 보이지 않는 중생이건 네 발 달린 중생이건, 발이 많이 달린 중생이건 심지어 개미까지도 생명을 지닌 것들은 다 죽음을 싫어한다. 그러므로 수행자는 자신의 생명을 잃게 되더라도 남의 생명을 빼앗아서는 안 된다.
_《불보은경》

살생을 경계하고 방생을 하는 자는 내세에 사왕천에 태어나 다함이 없는 복을 누린다. 만약 염불수행을 겸하여 닦는 자는 곧바로 서방정토에 태어나니 그 공덕이 실로 끝이 없다.
戒殺放生者 來世得生於四王天 享無極之福 若兼修淨土者 直可往生於西方極樂國土 其功德實無涯矣
_인광대사

방생할 때, 아미타불을 부르든 혹은 관세음보살의 성호를 불러라. 혹은 진언을 외워라.
아울러 중생을 대신해서 발원을 하라. 그리하면 과거와 현재와 미래의 모든 업장을 소멸시킬 수 있다.
放生時 念阿彌陀佛 或念觀世音菩薩聖號 或持呪 竝

代衆生發願 則能消滅過去現在未來一切業障 _고덕

그대에게 열심히 방생할 것을 권하노니,
방생하면 장수하게 되며,
만약 보리심을 발하면 큰 재난을 만나도 하늘이 너를 구제할 것이다.
_미륵보살

불자들이여, 자비로운 마음으로 방생의 업을 행하라. 이 세상의 모든 남자는 다 나의 아버지였고 모든 여인은 나의 어머니였으니, 나의 세세생생으로 보면 그들로부터 태어나지 않은 적이 없기 때문이다.
또한 육식은 나의 옛 몸을 먹는 것이다. 모든 지대地大와 수대水大는 다 나의 옛 몸이고, 모든 화대火大와 풍대風大는 다 나의 본래의 몸이니, 그러므로 항상 방생을 행할지어다.
사람들로 하여금 방생을 하도록 가르치고, 만일 세상

사람들이 축생을 죽이는 것을 보거든 마땅히 방편으로 구호하여 그 고난을 풀어 줄 것이며, 항상 널리 교화하되 보살계를 강講하여, 죽은 이의 복을 빌어주면 부처님을 뵙고 천상이나 인간 세상에 태어나게 될 것이니, 만일 그렇게 하지 않는 이는 경구죄를 범하는 것이니라.
_《범망경》

살생은 곧 미래의 부처가 될 자신을 죽이는 것이고, 방생은 미래의 부처가 될 자신을 살리는 것이다. 만약 자신의 미래의 부처를 살려주면 이것이 바로 진짜 염불삼매이니, 이 염불삼매를 닦으면 이것이 법화경 백 천 만억 부를 영원토록 굴리는 것이다.
殺生卽殺自心未來諸佛 放生卽放自心未來諸佛 若放自心未來諸佛 卽眞念佛三昧 修此念佛三昧 是恒轉法華經百千萬億部也
_우익대사

불살생이 모든 계의 우두머리이고
방생은 모든 선善 중의 으뜸이다.
不殺爲諸戒之首 而放生爲衆善之先也
_제한諦閑대사

인광대사의 방생 공덕 열 가지

1. 전쟁을 겪지 않는다.
2. 모든 길상吉祥한 일이 생긴다.
3. 건강하고 장수한다.
4. 자식이 많고 훌륭한 아들을 낳는다.
5. 모든 부처님께서 기뻐하신다.
6. 다른 중생들이 그 은혜에 감사한다.
7. 모든 재난이 없다.
8. 천상에 태어난다.
9. 모든 악업이 소멸된다.
10. 복덕과 수명이 영원하다.

放生十大功德　一者無刀兵劫　二者諸吉祥　三者長壽健康　四者多子宣男　五者諸佛歡喜　六者物類感恩　七者無諸災難　八者得生天上　九者諸惡消滅　十者永遠福壽

一切衆生 悉有佛性

지금 잡혀 요리 되기를 기다리는 목숨들을
건져 준다면, 숙세의 업장을 덜어내고,
착한 복덕의 뿌리를 심어 기를 수 있으며,
나아가 살殺의 인因을 영원히 끊어버려 함께
무궁토록 장수하는 과보果報를 얻을 수 있을 것이오.
물이나 허공, 물속에서 기고 날고 헤엄치는 모든 중생들이
똑같이 영명靈明한 지각知覺과 의식을 갖추었으나,
단지 숙세의 업장이 몹시도 깊고 무거워
우리와 다른 모습의 몸을 받은 걸 우리는 알아야 하오.
_인광대사

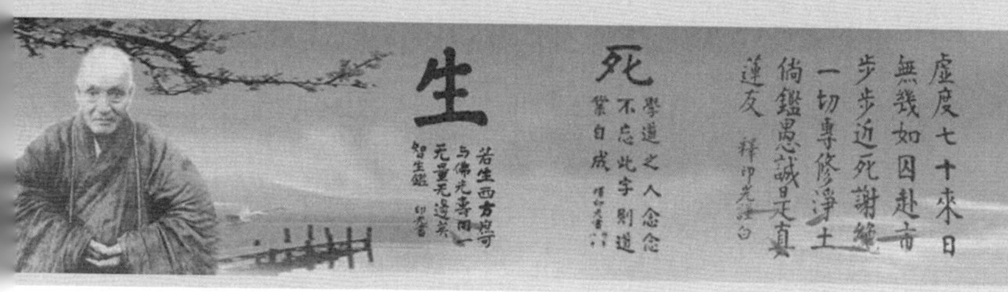

제4부. 방생 법요집

1. 방생 의식

석주 큰스님[3] 편역

사명산 지례법사의 옛글을 참작하여 간편하고 실행하기 쉽도록 하여 왔는데 그 뒤 저 중생들을 대신하여 왕생하기 원하는 것을 보태고 또 화엄경의 회향품문을 더하여 끝을 맺게 되었다. 그 까닭은 먼저 아미타불의 극락세계에 왕생한 뒤에 비로자나의 화장현문에 들어가려는 것이다.

그리고 더운 여름철에는 처음에 생류가 오게 되면 이 의식대로 염불 송경하여 놓아주고, 그 뒤에는 오는 대로 놓아주되 대비주 세 번 만 염하고 나

3) 석주 스님(1907-2004)은 조계종 총무원장, 동국역경원 이사장, 칠보사 조실을 역임하며 불교 대중화를 이끈 대승보살.

서 아미타불을 염불하면서 놓아주고 사람들이 다 모이기를 기다릴 필요가 없다. 너무 오래 되면 생류들의 목숨이 손상되기 쉽기 때문이다. 뒤로 사람들이 계속하여 오는 일이 있더라도 그대로 해야 한다.

방생하는 곳에 향상과 양지와 맑은 물을 차려놓고, 대중이 자비스런 눈으로 생류들을 보면서 그들이 나쁜 길에 빠진 것을 걱정하여 불쌍히 여기고 또 삼보의 큰 위신력으로 구제해줄 것을 생각하라. 이와 같은 관을 지은 다음에는 손에 물그릇을 들고 묵묵히 이렇게 생각하라

'일심으로 봉청하옵나니 시방세계의 자부이시고 넓고 크게 감응하시는 관세음보살이시여, 도량에 내려오사, 이 물을 살피시고 큰 공로를 갖게 하여 저 이류들에게 뿌리면 그들의 몸과 마음이 청정하여 미묘한 법문을 듣게 하시옵소서.'

대비주를 한 번 외우면서 두세 번 물을 뿌리고 나서 향료를 들고 아뢴다.

천수천안무애대비심 다라니

나모라 다나다라 야야 나막알약 바로기제 새바라야 모지사다바야 마하사다바야 마하가로 니가야 옴 살바 바예수 다라나 가라야 다사명 나막 까리다바 이맘알야 바로기제 새바라 다바 니라간타 나막하리나야 마발다 이사미 살발타 사다남 수반아 예염 살바보다남 바바말야 미수다감 다냐타 옴 아로계 아로가 마지로가 지가란제 혜혜하례 마하모지 사다바 사마라 사마라 하리나야 구로구로 갈마 사다야 사다야 도로도로 미연제 마하미연제 다라 다라 다린나례 새바라 자라자라 마라 미마라 아마라 몰제예혜혜 로계 새바라 라아 미사미 나사야 나베사미사미나사야 모하자라 미사미 나사야 호로 호로 마라호로 하례 바나마 나바 사라사라 시리시리 소로소로 못쟈못쟈 모다야 모다야 매다라야 니라간타 가마사 날사남 바라 하라나야 마낙사바하 싯다야 사바하 마하싯다야 사바하 싯다유예 새바라야 사바하 니라간타야 사바하 바라하 목카싱하 목카야 사바하 바나마 하따야 사바하 자가라 욕다야 사바하 상카섭나네 모다나야 사바하 마하라 구타다라야 사바하 바마사 간타 이사시체다 가릿나이나야 사바하 먀가라 잘마이바 사나야 사바하 나모라 다나다라 야야나막알야 바로기제 새바라야 사바하

시방삼보 석가본사 아미타불 보승여래 관세음보살 유수장자 천태 영명 여러 성현들께 아뢰오니, 자비를 드리우사 증명하시고 호념하옵소서.

지금 허공과 육지와 물속에 사는 중생들이 남에게 잡히어 죽게 된 것을 비구 비구니 신남 신녀들이 보살의 행을 닦으면서 자비한 마음을 내고 오래 살인을 지어 방생하는 일을 행하고저 죽게 된 생명을 사서 자유롭게 살아가도록 놓아주고 대승의 방등 경전에 따라 삼귀의계를 일러주며 여래의 십호를 외우고 십이인연법을 말하려 하옵는데, 이 중생들의 업장이 두텁고 정신이 흐리오니, 바라옵건대 삼보의 위신력으로 보살피시고 불쌍히 여겨

거두어 주옵소서.

이 앞에 있는 이류 중생들 귀의불 귀의법 귀의승(3회)

이 앞에 있는 이류 중생들 귀의불경 귀의법경 귀의승경(3회)

이제부터 부처님을 스승으로 섬기고 다시는 삿된 악마와 외도들에게 의지하지 말라(3회)

모든 불제자들이여 이제 삼보께 귀의하였으므로 다시 너희들을 위하여 보승여래 십호의 공덕을 말하리니, 너희들이 들으면 저 일만 고기들처럼 천상에 태어나게 되리라.

나무 보승 여래 응공 정변지 명행족 선서 세간해 무상사 조어장부 천인사 불세존(3회)

모든 불제자들이여 내가 이제 십이인연이 생기고 없어지는 모양을 다시 말하리니, 너희들이 이 나고 없어지는 법을 분명히 알면 나지도 없어지지도 않는 법을 깨달아 부처님들과 같이 큰 열반을 얻게 되리라. 이른바 무명은 행을 연기하고 행은 식을 연기하고 식은 명색을 연기하고 명색은 육입을 연기하고 육입은 촉을 연기하고 촉은 수를 연기하고 수는 애를 연기하고 애는 취를 연기하고 취는 유를 연기하고 유는 생을 연기하고 생은 노사와 우비고뇌를 연기하느니라.

또 무명이 멸하면 행이 멸하고 행이 멸하면 식이 멸하고 식이 멸하면 명색이 멸하고 명색이 멸하면 육입이 멸하고 육입이 멸하면 촉이 멸하고 촉이 멸하면 수가 멸하고 수가 멸하면 애가 멸하고 애가 멸하면 취가 멸하고 취가 멸하면 유가 멸하고 유가 멸하면 생이 멸하고 노사와 우비고뇌도 멸하느니라.

모든 불제자들이여 내가 지금 대승경전에 의하여 너희들에게 삼귀의계와 십호와 십이인연을 말하였으니 이제는 삼보 앞에서 죄과를 낱낱이 말하고 참회를 간절히 구하여 너희 죄업이 잠깐 동안에 스러지고 좋은 곳에 태어나서 부처님의 수기를 받게 하리라.

너희들은 지극한 정성으로 나를 따라 참회할 것이다.

지난 세상 내가 지은 모든 죄악은 끝이 없는 탐심 진심 치심 탓이니, 몸과 말과 마음으로 지은 온갖 죄 모든 것을 부처님께 참회합니다. (3회)

나무청량지보살마하살(보살)

바라건대 놓여난 뒤에는 다시는 악마에게 먹히거나 그물에 걸리지 말고 마음 놓고 자유롭게 오래오래 살다가 목숨이 다한 뒤에는 삼보의 힘과 보승여래의 자비한 원력에 힘입어 저 도리천에 나거나 인간세계에 나기도 하면서 계율을 지키고 행을 닦아 나쁜 짓을 하지 말고 지극한 마음으로 염불하여 소원대로 극락세계에 태어날지니라.

이번에 방생하는 선근을 지은 제자 OOO들은 오늘부터 보리의 행과 원이 더욱 늘어가며 고통 받는 중생들을 내 몸처럼 구제하고 이러한 인연으로 극락세계에 왕생하여 아미타불과 여러 성현들을 뵈옵고 무생법인을 얻으며 한량없는 세계에 분신을 나타내어 많은 중생을 제도하여 함께 깨달을지어다.

여러 대중들이여 소리를 함께 하여 화엄경의 회향품과 왕생정토주를 외웁시다.

대방광불화엄경 십회향품 수순견고 일체선근 회향

여러 불제자들이여 보살마하살이 큰 나라 임금이 되어 모든 법에 자재하고 명령을 내려 살생하는 일을 엄금하느니라. 남섬부주의 도시나 시골에서 온갖 살생하는 일을 못하게 하여 발 없는 중생, 두 발 가진 중생, 네 발 가진 중생, 여러 발 가진 중생들에게 두려움이 없는 일로써 보시하고 빼앗으려는 마음이 없고 보살의 온갖 행을 닦으며 자비와 착한 마음으로 중생을 대하여 조금도 괴롭히거나 시끄럽게 하는 일이 없고 미묘하고 훌륭한 마음을 내어 편안케 해주며, 여러 부처님께 큰 서원을 세워 스스로 세 가지 깨끗한 계율을 지니면서 중생들에게도 그렇게 머물게 하느니라.

보살마하살이 중생들로 하여금 다섯 가지 계행에

머물러 영원히 살생하는 업을 짓지 않게 하고 그 선근으로 이렇게 회향하노라. 바라건대 모든 중생이 죄다 보리심을 내고 지혜를 갖추어 목숨을 보존하되 끝이 없어지이다.

모든 중생이 한량없는 세월을 두고 살면서 여러 부처님께 공양하며 공경하고 수행하여 수명이 장수하여지이다

모든 중생이 늙고 죽지 않는 법을 원만하게 닦아서 온갖 재앙이 그들의 목숨을 해치지 못하게 하여지이다.

모든 중생이 끝없는 목숨을 얻어 오는 세월이 다하도록 보살행을 닦으면서 여러 중생들을 교화하고 조복하여지이다.

모든 중생이 목숨의 문이 되어 열 가지 힘의 선근이 그 속에서 자라게 하여지이다.

모든 중생이 선근이 원만해서 끝없는 수명을 얻고 큰 서원을 이루게 하여지이다.

모든 중생이 죄다 부처님을 뵈옵고 섬기며 공양하여 끝없는 목숨을 누리면서 선근을 닦게 하여지이다. 모든 중생이 부처님 계신 데서 배울 것을 배우고 성인의 법희를 얻고 수명이 무궁하여지이다.

모든 중생이 늙지 않고 병나지 않고 항상 사는 목숨을 얻어 용맹하게 정진하여 부처님의 지혜에 들어가지이다.

이것이 보살마하살이 세 가지 청정한 계율에 머물러서 살생하는 짓을 영원히 끊어버린 선근으로 회향하는 것이니 중생들로 하여금 부처님의 열 가지 힘을 얻어 지혜를 원만케 하려는 것이니라.

왕생정토다라니

나무아비다바야 다타가다야 다지야타 아미리도 바비 아미리타 싣담바비 아미리다 비가란제 아미리다 비가란다 가미니가가나 기다가례 사바하 (3번)

이렇게 방생한 공덕으로 네 가지 은혜를 보답하고 삼계 중생들을 골고루 도와주어 온 법계의 중생이 모두 일체종지를 원만히 이루게 하여지이다.

시방삼세일체불

일체보살마하살

마하반야바라밀

방생을 하고 나서 불상 앞에서 지성으로 예배하고 이렇게 축원하라

제자 ○○○은 한결같은 마음으로 서방극락세계 아미타부처님께 귀의하나이다. 제가 부처님의 가르침을 받들어 오늘 얼마 안 되는 생류들을 방생하였사오니 이 공덕으로 말미암아 저의 모든 죄업이 소멸되고 원결이 풀리오며 수행하는 선근이 날마다 자라서 목숨마칠 때에 몸과 마음 평안하고 바른 생각 분명하오며 부처님의 마중을 받아 극락세계의 칠보연못 연꽃 속에 왕생하였다가 연꽃 피

옵거든 부처님 뵈옵고 무생법인 얻사오며 부처의 지혜를 구족하고 큰 위신력으로써 제가 방생한 모든 생명과 시방세계의 그지없는 중생들이 모두 해탈을 얻어 위없는 보리를 성취하길 원하옵니다. 바라건데 부처님께서 대자대비로 불쌍히 여기시와 거두어 주옵소서.

발원을 마치고는 형편 따라서 백념 천념 만념으로 "나무아미타불"을 염불하라.

- 방생하는 의식 끝 -

2. 계살방생문戒殺放生文

명나라 운서사 주굉스님 엮음

살생을 경계하는 글

세상 사람들이 남의 목숨을 죽인 고기를 먹으면서도 당연히 먹을 것인 줄로만 알고 있다. 마음대로 살생하여 원수를 많이 맺으면서도 습관이 되어 깨닫지 못하나니, 옛사람의 말에 눈물을 뿌려 통곡하며 탄식할 일이라는 것이 이런 것이다. 그들의 모르고 고집하는 일을 대강 일곱 가지로 들 수 있는데 그 나머지는 이로 미루어 짐작할 수 있으리라.

알음알이가 있는 것들은 모두 같은 것이므로 사람

으로서 고기를 먹는 것이 괴상한 일이지마는 사람들이 괴상하게 여기지 않는 것은 집안에서도 습관이 되어 예사로 생각하고 이웃에서도 그렇게 풍속이 되어서 괴상하게 여기지 않을 뿐 아니라 오히려 당연하게 생각하니 어찌 이상하다고 생각할 수 있으랴. 오늘날 만약 사람을 잡아서 먹는 이가 있다면 사람들은 망칙한 괴변이라 하여 그대로 놓아주니 않을테니 무슨 까닭일까? 그것은 그런 습관이 없기 때문이다. 만약 사람을 잡아먹는 일이라도 있어 금하지 않고 여러 해를 그대로 둔다면 사람의 고기로 잔치를 차리는 일이 온 세상에 가득 차게 될지도 모르리라. 그러므로 말하기를 온 세상이 습관으로 행하면서 그른 줄은 모르는 것이 눈물을 뿌려 통곡하며 탄식할 일이라 하노라.

첫째는 생일에 살생하지 말아야 할 것이다. 부모께서 갖은 수고를 다하여서 내 몸을 낳아 주었다 하였으니 이 몸이 나던 날은 부모가 죽을 뻔한 날이다. 이 날에는 살생을 끊고 재계를 가지며 선한 일을 널리 행하여 돌아가신 부모는 극락세계에 왕생하고 지금 계시는 부모는 복과 수명이 다함이 없게 할 것이어늘, 어찌하여 어머니의 수고하던 일을 잊어버리고 산목숨을 죽여 위로 부모에게 허물을 끼치고 아래로는 자신에게 해롭게 하랴. 이것은 온 세상이 습관이 되어 행하면서 그른 줄을 모르는 것이니, 이것이 눈물을 뿌려 통곡하며 탄식할 일의 한가지이니라. 그래서 당나라의 태종은 만승의 천자이지만 생일에는 음악을 잡히지 않았다고 한다. 농촌의 늙은이로서 잘해야 수십 석 추수하는 이가 분에 넘치도록 여러 날 잔치를 베푼다는 것은 옳다고 할 수 없다. 요사이 생일을 맞아 스님에게 공양하고 경을 읽어서 선한 일을 짓는 것은 참으로 잘하는 일이다.

둘째는 자식을 낳고서는 살생을 하지 말아야 할 것이다. 사람들은 자식이 없으면 슬퍼하고 자식이 있으면 기뻐들 한다. 모든 짐승들도 제 새끼를 사랑하는 마음은 사람이나 다를 바 없는데 사람들은 자기 자식이 태어난 것만을 좋아하여 남의 새끼를 죽이고 있으니, 어찌 마음이 편안하랴. 어린 자식이 처음 났을 적에 복과 덕을 쌓지 않고 살생하여 악한 업을 짓는 것은 더할 수 없이 어리석은 일이다. 이것을 온 세상이 습관이 되어 행하면서 그른 줄을 모르니, 이것이 눈물을 뿌려 통곡하며 탄식할 일의 둘째이니라.

어떤 사냥군이 밤에 술이 취하여 어린 아들을 노루로 생각하고 칼을 들고 죽이려 하였다. 그때 아내가 깜짝 놀라 말렸지만 듣지 않고 마침내 배를 갈라 창자를 끄집어내고야 잠이 들었다. 이튿날 아침에 아들을 부르면서 저자에 나가 노루고기를 팔자고 하였다. 아내가 통곡하면서 어제 밤에 죽인 것이 아들이라는 말을 듣고 그는 비로소 놀라고 가슴이 아파 몸부림을 치고 오장이 찢어지는 듯 하였다고 한다. 사람과 짐승이 비록 겉모양은 다르지마는 자식을 사랑하는 마음은 마찬가지니 어찌 또 살생을 하겠는가!

셋째는 조상의 제사에 살생을 하지 말아야 할 것이다. 죽은 이의 기복을 빌어야 할 터인데 산목숨을 죽여 제사하는 것은 악한 업만 더할 뿐이다.

팔진미를 차려놓는다 한들 땅속에 묻힌 백골을 일으켜 먹게 할 수 있겠는가. 이익은 없고 해만 되는 일을 지혜 있는 이는 하지 아니할 것이다. 이것을 온 세상이 습관이 되어 행하면서 그른 줄을 알지 못하니, 이것이 눈물 뿌려 통곡하며 탄식할 일의 세째이니라.

어떤 이는 말하기를, 양나라 무제가 밀가루 반죽으로 소머리를 만든 것이 조상들로 하여금 혈식血食을 하지 못하게 하였다 하지만, 혈식이어야만 반드시 좋은 것이 아니고 소찬이라 해서 나쁜 것도 아니다. 남의 자식 된 사람이 몸을 잘 닦아서 선조의 종사宗祀를 끊지 않으면 그보다 좋은 일이 없느니라. 하필 짐승을 잡아 제사 지내야 할 것이 무엇이랴. 약제가 소를 잡는 것보다 좋다 함은 주역에도 있는 말이지만, 어육으로 봉양한 것도 불효가 된다고 한 것은 성인의 규범이다. 그러기에 반드시 혈식으로 제사하여야 한다는 이유는 아무데도 없다.

넷째로 혼례에 살생을 하지 말아야 할 것이다. 이 세상에서 혼인할 적에 납채를 보내고 친영할 때까지 몇 번이나 살생을 하는지 알 수 없다. 혼인은 사람을 낳게 되는 시초이므로 사람을 낳으면서 살생한다는 것은 이치에 어기는 짓이고 또 혼인은 길례吉禮인데 좋은 날에 흉한 살생을 한다는 것은 참혹한 일이다. 이것을 온 세상이 습관으로 행하면서 그른 줄을 알지 못하니, 이것이 눈물 뿌려 통곡하며 탄식할 일의 넷째이니라.

사람들이 혼인할 때에는 반드시 부부가 함께 늙기를 축원하는데 사람은 함께 늙기를 원하면서 짐승은 먼저 죽기를 원한단 말인가. 딸을 보내는 집에서 사흘을 불을 끄지 않는 것은 서로 이별할 것을 아끼는 뜻이라 하는데, 사람은 이별을 고통이라 하면서 짐승은 이별을 낙으로 생각하는 줄 아는가? 이런 줄 알면서도 혼인에 살생할 수 있을 것인가?

다섯째는 손님을 대접할 때에 살생을 하지 말아야 할 것이다. 좋은 때에 아름다운 경치를 앞에 두고 주인과 객이 자리를 같이 했으면 나물국과 조촐한 음식이 오히려 운치가 있어 그 자리가 어울릴 텐데, 하필이면 살고자 하는 남의 목숨을 앗아서 기름진 음식을 마련하느라고 불쌍히 죽는 소리가 부엌이나 도마에서 애처롭게 나게 하랴. 사람의 마음을 가진 이라면 그 누가 슬퍼하지 아니하랴. 이것을 온 세상이 습관으로 행하면서 그른 줄 알지 못하니, 이것이 눈물을 뿌려 통곡하며 탄식할 일의 다섯째이니라.

소반에 가득 쌓인 고기가 모두 도마 위에서 원통하게 죽어서 된 것임을 안다면 저들의 지독한 고통으로 우리의 즐거움을 삼는 것이니, 먹는 것이 어찌 목에 넘어갈 수 있겠는가.

여섯째는 복을 빌면서 살생하지 말아야 할 것이다. 사람들은 병이 나서 기도할 적에 흔히 짐승을 잡아서 신에게 제사하는 일이 있는데, 그것은 자기가 신에게 제사하는 일이 죽기를 면하고 살기를 구함인 줄을 망각하고 있기 때문이다. 남의 명命을 끊어서 자기의 생명을 늘이려는 것은 천리에 어긋나는 일이다. 신이 있다면 그는 본래 평등하고 정직한 분일 텐데, 어찌 이를 위하여 저를 해롭게 하겠는가? 자기의 목숨도 늘이지 못하고 살생하는 업만 더하는 것이니 갖가지 온당치 못한 미신스런 제사 따위가 모두 그런 것이니라. 이것을 온 세상이 습관으로 행하면서 그른 줄을 알지 못하니, 눈물을 뿌려 탄식할 일의 여섯째이니라.

〈약사경〉에 말하기를 "여러 중생을 죽여서 신명에게 빌며 귀신들을 불러서 복을 비는 것은 목숨을 늘이려고 하는 것이지만, 그것은 결코 될 수 없는 짓이다"라고 하였으니, 이것은 목숨을 늘이지 못하고 살생하는 업만 더하는 것이니라. 살생하면서 자식 낳기를 구하거나 살생하면서 재물을 구하거나 혹은 살생하면서 벼슬을 구하는 따위가 모두 정당치 못한 제사이니라. 자식을 낳거나 재물을 얻거나 벼슬을 하게 되는 것은 모두 자기의 노력에 따른 복분福分이고 귀신이 주는 것은 결코 아니건만, 어쩌다가 제사한 뒤에 소원을 성취하게 되면 이것이 신의 영험靈驗이라 생각하여 그렇게 믿고 더욱 극성을 부린다. 성행하는 미신을 막을

길이 없으니 슬픈 일이다.

일곱째는 생계를 위한 직업으로서 살생하지 말아야 할 것이다. 세상 사람들이 의식을 구하기 위하여 사냥도 하고 고기잡이도 하고 도수장을 경영하기도 하여 생계를 삼거니와 그런 살생하는 직업을 갖지 않는 이들도 옷 입고 밥 먹고 살아가는데 그런 일을 아니한다고 얼어 죽거나 굶어 죽을 것인가? 살생으로서 생업을 경영한다는 것은 도리에 맞지 않다. 살생하는 이로서 자손이 잘되는 이는 백에 한 사람도 없었다. 지옥에 떨어질 업만 지어 내생의 나쁜 과보를 받게 되는 것이 이보다 더한 일이 없으리라. 어째서 다른 직업을 구하지 않고 하필이면 살생하는 직업을 가지겠는가? 온 세상이 습관으로 행하면서 그른 줄을 알지 못하니, 이것이 눈물을 뿌려 탄식할 일의 일곱째이니라.

양을 도살하던 사람이 죽을 적에 양의 소리를 하고, 드렁허리(뱀처럼 생긴 민물고기) 팔던 사람이 죽게 되었을 적에 머리가 드렁허리에게 물어뜯긴 것처럼 되는 것을 내가 보았으니, 이것이 나의 이

웃사람이 당한 일이요 전해 오는 이야기가 아니다. 세상 사람에게 권하오니, 살아갈 직업이 없거든 차라리 밥을 빌어먹을지언정 살생을 하면서 사는 것은 굶어서 죽는 것만도 못하다 하노라.

위에 적은 것들은 보통 세상 사람들의 정리에는 어기는 말이 될 것이다. 그렇지만 아는 이가 본다면 반드시 가슴에 울림을 받아 깊이깊이 새기리라. 만일 전부를 지킬 수 있다면 더없이 좋은 일이지만 그렇지 못하더라도 힘을 따라서 행하되, 넷이나 다섯을 버리거나 혹은 셋이나 둘이라도 경계할 것이니, 한 가지를 지키면 한 가지 업이 스러지고 한 가지 살생을 않게 되면 한 가지 원수가 없어질 것이다. 그러나 만일 어육을 아주 끊을 수 없거든 우선 거리에서 파는 것을 사서 먹고 손수 죽이지만 않아도 큰 죄를 면할 수 있으리니, 자비한 마음을 하나하나 쌓아 나가면 차차 아름다운 경계에 이르게 되리라.

이 글을 얻어 본 사람은 다른 이웃에게도 전해서 서로서로 권하여 지키게 하라. 한 사람에게라도 권하여 살생을 않게 하면 백만 중생을 살리는 일이 될 것이며, 열 사람 백 사람으로부터 천만 억 사람에게 미치면 남모르는 공덕이 그지없이 커서 과보가 한량없으리니 좋은 마음으로 믿고 행하면 결코 헛되지 않으리라.

해마다 열두 달을 적어 벽에 붙여놓고 살생을 하지 않는 달이 있거든, 그 달 아래 불살생이라 표하라. 한 달 동안 살생하지 아니한 것은 하품선下品善이요. 한 해 동안 살생하지 아니한 것은 중품선이요. 일생 동안 살생하지 아니한 것은 상품선이며, 세세생생 살생하지 아니하면 상지상품上之上品의 선한 일이다. 바라건데, 사람마다 살생을 금하고 집집마다 계행을 가지면 부처님들이 기뻐하시고 신장들이 옹호하여 전쟁이 쉬게 되고 형벌이 쓸 데가 없으며 지옥은 이로 말미암아 비게 되고, 고통 세상을 영원히 벗어나게 될 것이다.

살생을 경계하는 축원(戒殺祝願)

만일 한 달 동안 살생하지 아니하였거든 그믐날 밤에 나가 다음날 초하룻날 새벽에 불상 앞에서 지성으로 예배하고 이렇게 축원하라.

제자 000는 한결같은 마음으로 서방 극락세계 아미타부처님께 귀의하나이다.

제가 부처님의 가르침을 받들어 한 달 동안 살생하지 아니하였사오니, 이 공덕으로 말미암아 모든 죄업이 소멸되옵고 원결이 풀리오며 수행하는 선근이 날마다 자라나서, 목숨이 마칠 때에 몸과 마음이 평안하고 바른 생각 분명하오며 부처님의 마중을 받사와 극락세계의 칠보연못 연꽃 속에 왕생하였다가 연꽃 피거든 부처님 뵈옵고 무생법인無生法忍 얻사오며, 부처의 지혜를 구족하고 큰 위신력으로써 여러 겁 동안에 제가 죽인 생명과 시방세계에서 죽임을 당한 중생들이 모두 해탈을 얻어 위없는 보리를 성취하기 원하나이다.

바라옵건데 부처님께옵서 대자대비로 불쌍히 여기시와 거두어 주옵소서.

발원을 마치고는 형편 따라서 백념 천념 만념으로 염불하라.

살생을 금하는 집은 선신이 보호하고,
재난과 횡액을 소멸하며, 수명을 늘린다.
자손이 어질고 효순스러우며,
길하고 상서로운 일이
많으니 다 열거하여 말할 수 없을 정도다.
살생은 널리 원한의 업을 쌓는 것이며,
아울러 숙세에 쌓아온 복과 수명을 점점 소멸하고 감소하게 한다.
그러므로 매년 해가 바뀌는 때, 경사스러운 생일, 결혼일, 개업날 등
손님을 청하는 경사스러운 날에는 마땅히 널리 방생을 행해야 하며,
이때 살아있는 목숨을 죽이거나 자연계의 생명을 해쳐서는 안 될 것이다.
– 연지대사

이 목숨 마치올 제,
갈 시간 미리 알아 여러 가지 병고액난病苦厄難
이 몸에 없어지고, 탐진치貪瞋癡 온갖 번뇌, 마음에 씻은 듯이
육근六根이 화락和樂하고, 한 생각 분명하여 이 몸을 버리옵기 정定에
들 듯 하옵거든, 그때에 아미타불께서 관음 · 세지 두 보살과 모든
성중聖衆 데리시고 광명 놓아 맞으시며 손들어 이끄시사, 높고 넓은
누각들과 아름다운 깃발들과 맑은 향기 고운 풍류 거룩하온 극락세계
눈앞에 분명커든, 보는 이 듣는 이들 기쁘고 감격하여 위없는
보리마음 다 같이 발하올 제, 이내 몸 고이고이 금강대에 올라 앉아
부처님 뒤를 따라 극락정토 나아가서 칠보로 된 연꽃 속에 상품상생
하온 뒤에, 불보살 뵈옵거든 미묘한 법문 듣고 무생법인無生法忍
깨치오며 제불諸佛을 섬기옵고 수기를 친히 받아 삼신사지三身四智와
오안육통五眼六通과 백천 다라니와 온갖 공덕 원만하게 이루어지이다
-연지대사蓮池大師 발원문

연지대사蓮池大師 왕생극락往生極樂 발원문

극락세계에 계시옵사 중생들을 이끌어주시는
아미타부처님께 귀의하옵고 그 세계에 가서 나기를
발원합니다.
자비하신 원력으로 굽어 살펴 주옵소서.

저희들이 네 가지 은혜 입은 이와 중생들을 위해
부처님의 위없는 도를 이룩하려는 정성으로
아미타불의 거룩하신 명호를 일컬어,
극락세계에 가서 나기를 원하나이다.

업장은 두텁고 복과 지혜 엷어서 더러운 마음 물들
기 쉽고 깨끗한 공덕 이루기 어려워
이제 부처님 앞에서
지극한 정성으로 예배하고 참회합니다.

저희들이 끝없는 옛적부터 오늘에 이르도록 몸으로
입으로, 또 마음으로 한량없이 지은 죄와
한량없이 맺은 원수 모두 녹아버리고,
오늘부터 서원 세워 나쁜 짓 멀리하여
다시 짓지 아니하고,

보살도를 항상 닦아 물러나지 아니하며,
정각을 이루어서 중생을 제도하려 하오니
아미타부처님이시여, 대자대비하신 원력으로
저를 증명하시며 어여삐 여기고 가피하시사

삼매에서나 꿈속에서나 아미타부처님의
거룩한 상호를 뵈옵고,
장엄하신 국토에 다니면서 감로도 뿌려주시고,
광명으로 비춰주심 입사와 업장은 소멸되고
선근은 자라나고, 번뇌는 없어지고,
무명은 깨어져서 원각의 묘한 마음 뚜렷하게 열리고,
상적광토(常寂光土)가 항상 앞에 나타나지이다.

또 이 목숨 마칠 때 갈 시간 미리 알아
여러 가지 병고 액난이 몸에서 없어지고,
탐진치 온갖 번뇌 마음에 씻은 듯이 사라지며,
육근이 화락하고 한 생각이 분명하여
이 몸을 버리기를 정(定)에 들듯 하옵거든,
그때에 아미타부처님께서 관음·대세지 두 보살과 성중 거느리시고 광명 놓아 맞으시며 대자대비로 이 끄시사 높고 넓은 누각들과 아름다운 깃발들과 맑은 향기, 고운 음악, 거룩한 극락세계 눈앞에 나타나면,

보는 이 듣는 이들 기쁘고 감격하여
위없는 보리마음 다같이 발하올 제
이 내 몸 연화보좌 금강대에 올라앉아,
부처님 뒤를 따라 극락정토 나아가서,
칠보로 된 연못 속에 상품상생한 뒤에
불보살 뵈옵거든 미묘한 법문 듣고,
무생법인 깨치며 부처님 섬기옵고,
친히 수기 받아 삼신(三身) 사지(四智)와 오안(五眼) 육통(六通)과 백천 다라니와 온갖 공덕을 원만하게

이루게 하여지이다.

그러한 후 극락세계를 떠나지 아니하고
사바세계에 다시 돌아와 한량없는 분신으로
시방국토 다니면서 여러가지 신통력과 가지가지 방편으로 무량중생 제도하여,
탐진치 삼독 멀리 떠나 깨끗한 참마음으로
극락세계 함께 가서
물러나지 않는 자리에 오르게 하려 하옵니다.

세계가 끝이 없고 중생이 끝이 없고,
번뇌 업장이 모두 끝이 없기에 이내 서원도 끝이 없나이다.

저희들이 지금 예배하고 발원하여
닦아 지닌 공덕을 중생에게 베풀어 네 가지 은혜
골고루 갚고 삼계 유정을 모두 제도하여 다 함께
일체종지가 이루어지이다.

나무아미타불
나무아미타불
나무극락도사 아미타여래불

발일체업장 근본득생정토다라니

나무 아미다바야 다타가다야 다지야타 아미리도바비
아미리 다실단바비 아미리다
비가란제 아미리다 비가란다 가미니 가가나 지다가리
사바하

회향게(廻向偈)

願以此功德 普及於一切 我等與衆生
원이차공덕 보급어일체 아등여중생
當生極樂國 同見無量壽 皆共成佛道
당생극락국 동견무량수 개공성불도
원컨대 이 공덕 무진법계에 회향하오니,
우리와 모든 중생들이 극락에 왕생하여
함께 아미타불 친견하고,
끝내는 부처 이루어지이다.

왕생게

원왕생 원왕생 극락에 왕생하여
아미타불 친견하고 마정수기 받기 원하오며
(願往生 願往生 願生極樂見彌陀 獲蒙摩頂受記別)

원왕생 원왕생 아미타불 회상에 참례하여

항상 향과 꽃을 공양 올리기 원하오며
(願往生 願往生 願在彌陀會衆座 手執香華常供養)

원왕생 원왕생 극락의 연화장세계에 왕생하여
자타가 일시에 성불하여지이다.
(願往生 願往生 願生華藏蓮華界 自他一時成佛道)

北京佛教文化研究所 北京广化寺监制 佛历二五四七年七月

"염불할 때가 곧 견불見佛할 때이다"
생사 해탈 성불의 길 · 안락 평화 행복의 길
정토오경일론淨土五經一論
아미타경 · 무량수경 · 관무량수경
화엄경 보현행원품 · 능엄경 염불원통장 · 왕생론
부록 : 정수첩요(오념법문의 수행법)
무량수여래회 편역 | 비움과소통
양장 제본 | 국판148*210 | 부분컬러
372쪽 | 20,000원
정토오경일론
淨土五經一論
"염불 수행자의 목적은 정토에 태어나 성불하는 것입니다.
정토종의 깨달음(解門)은 정토5경 1론에 의지하고
정토종의 실천(行門)은 곧 한마디 '나무 아미타불'입니다"
염불 · 독경으로 자성청정심을 회복해 윤회를 벗어난
극락정토에 화생해 무생법인을 증득하고 성불하는 법
一卷六字經 나무아미타불 여섯 글자, 한 권의 경전
轉破千年暗 굴려서 천년의 암흑을 깨뜨리네.
人云我念佛 남들은 내가 염불念佛한다 말하지만
我說是佛念 나는 불념佛念한다 말하겠네.
迷雲陳霧重重過 미혹의 구름, 자욱한 안개 겹겹이 지나가고,
瞥見澄潭月影圓 문득 맑은 연못에 달그림자 원만하여라.
-하련거 거사
아미타불 현세가피
전세계 1억 명이 수지독송하고 있는 무량수경이 바로 아미타부처님이시다

출판 자금을 내거나 독송 · 수지하는 사람과 여러 사람 여러 장소에 유통시키는 사람들을 위해 두루 회향하는 게송

경을 인쇄한 공덕과 수승한 행과
가없는 수승한 복을 모두 회향하옵나니,

원하옵건대 전생 현생의 업이 다 소멸되고,
업과 미혹이 사라지고 선근이 증장되며,

현생의 권속이 안락하고, 선망 조상들이 극락왕생하며,
시방찰토 미진수 법계, 공존공영하고 화해원만하며,
비바람이 항상 순조롭게 불고 세계가 모두 화평하며,

일체 재난이 없어지고 사람들이 건강 평안하며,
일체 법계 중생들이 함께 정토에 왕생하게 하소서.

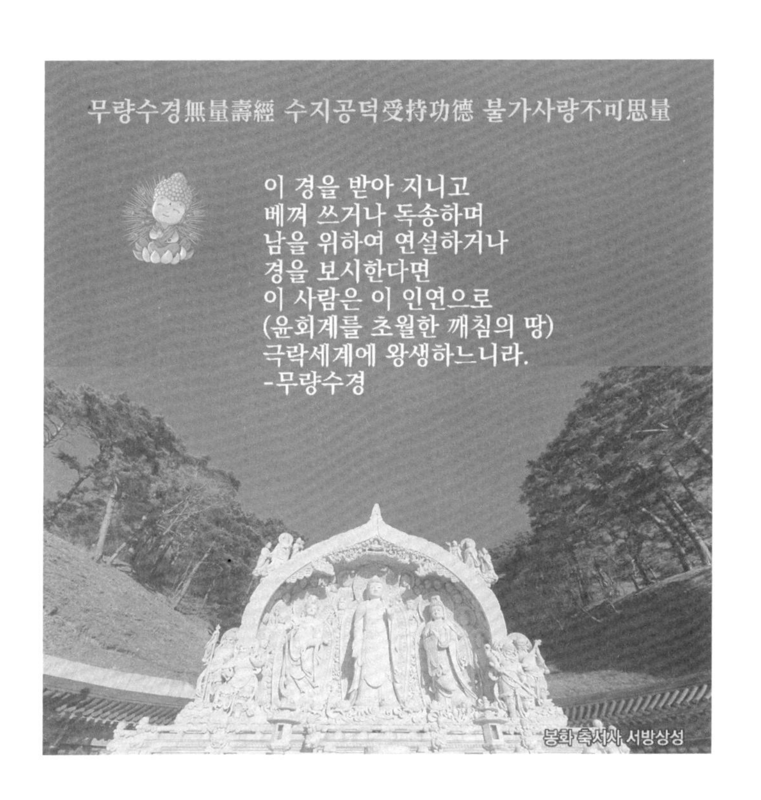
무량수경無量壽經 수지공덕受持功德 불가사량不可思量
이 경을 받아 지니고
베껴 쓰거나 독송하며
남을 위하여 연설하거나
경을 보시한다면
이 사람은 이 인연으로
(윤회계를 초월한 깨침의 땅)
극락세계에 왕생하느니라.
-무량수경
봉화 축서사 서방상성

방생살생 현보록

1판 1쇄 펴낸날 2017년 12월 22일
1판 2쇄 펴낸날 2018년 3월 17일
1판 3쇄 펴낸날 2019년 3월 21일
1판 4쇄 펴낸날 2020년 10월 30일
1판 5쇄 펴낸날 2021년 12월 10일

엮은이 무량수여래회
발행인 김재경 **편집** 김성우 **교정교열** 이유경 **마케팅** 권태형 **제작** 경희정보인쇄
펴낸곳 도서출판 비움과소통(blog.daum.net/kudoyukjung)
경기 평택시 목천로 65-15 송탄역서희스타힐스 102동 601호
전화 031-667-8739 팩스 0505-115-2068
이메일 buddhapia5@daum.net
출판등록 2010년 6월 18일 제318-2010-000092호

ISBN 979-11-6016-032-1 03220

※ 전법을 위한 법보시용 불서는 저렴하게 제작 · 보급해 드립니다.
다량 주문시 표지 · 본문 등에 원하시는 문구(文句)를 넣어드립니다.